KUHARSKA KNJIGA STRAKUJKA

100 slastnih receptov in ustvarjalnih idej za kuhanje s pasijonko

Robert Zajc

Avtorski material ©2023

Vse pravice pridržane

Nobenega dela te knjige ni dovoljeno uporabljati ali prenašati v kakršni koli obliki ali na kakršen koli način brez ustreznega pisnega soglasja založnika in lastnika avtorskih pravic, razen kratkih citatov, uporabljenih v recenziji. Ta knjiga se ne sme obravnavati kot nadomestilo za zdravniški, pravni ali drug strokovni nasvet.

KAZALO

KAZALO ... 3
UVOD ... 6
ZAJTRK IN MALICA ... 7
  1. Passionfruit skutni krofi ... 8
  2. Palačinke s pasijonko ... 12
  3. Passion Fruit Jogurt Parfait ... 14
  4. Francoski toast s pasijonko ... 16
  5. Pasijonke ... 18
  6. Mafini s pasijonko ... 20
  7. Pasijonke ... 22
  8. Ovseni kvadrati pasijonke ... 24
  9. Jajca s pasijonko ... 26
  10. Ovsena kaša iz pasijonke ... 28
  11. Pink Passion Fruit Breakfast Quinoa ... 30
  12. Skleda za zajtrk s pasijonko ... 32
PREDJEDI IN PRIGRIZKI ... 34
  13. Passion Fruit Ceviche solero ... 35
  14. Hula piškotki ... 37
  15. Ploščice pasijonke ... 39
  16. Tahitijska kavna bomba ... 41
  17. Humus iz pasijonke ... 43
  18. Brusketa iz pasijonke ... 45
  19. Piščančja krila s pasijonko ... 47
  20. Ploščice granole iz pasijonke ... 49
  21. Koktajl s kozicami iz pasijonke ... 51
  22. Nabodala s kozicami iz pasijonke ... 53
  23. Guacamole iz pasijonke ... 55
  24. Zvitki s šunko in sirom iz pasijonke ... 57
  25. Nabodala iz pasijonke Caprese ... 59
  26. Pasijonka in pršut Crostini ... 61
  27. Energijske kroglice pasijonke ... 63
  28. Passion Fruit Jogurt Dip ... 65
GLAVNA JED ... 67
  29. Piščančje prsi z omako iz pasijonke ... 68
  30. Marinirana tuna s pasijonko ... 70
  31. Pasijonka in piščančji curry ... 72
  32. Svinjski file, glaziran s pasijonko ... 74
  33. Losos, glaziran s pasijonko ... 76
  34. Passion Fruit kozica Stir-Fry ... 78

35. Passion Fruit Tofu Stir-Fry 80
36. Piščančje bedre, glazirane s pasijonko 82
37. Curry iz pasijonke 84
38. Passion Fruit Beef Stir-Fry 86
39. Zrezek na žaru s pasijonko Chimichurri 88
40. Kozica s pasijonko in kokosom 90

SOLATE 92
41. Solata s piščancem, avokadom in papajo 93
42. Solata iz tropskega sadja s prelivom iz pasijonke 95
43. Solata iz špinače in pasijonke 97
44. Solata iz avokada in pasijonke 99
45. Solata iz kvinoje in pasijonke 101
46. Solata iz lubenice in pasijonke 103
47. Solata iz mešanice zelenjave in pasijonke 105
48. Solata iz kuskusa in pasijonke 107
49. Azijska solata z rezanci in pasijonko 109
50. Solata z rukolo in kozjim sirom z vinaigreto iz pasijonke 111
51. Caprese solata z balzamično glazuro iz pasijonke 113

SLADICA 115
52. Kokosova panna cotta s pasijonko 116
53. Pena iz pasijonke 119
54. Grapefruit pasijonka skutina pita 121
55. Bananin in pasijonkin sladoled 123
56. Sladoled v obliki breskve in pasijonke 125
57. Tropski margarita sorbet 127
58. Torta s čokoladnimi kosmiči 129
59. Passionfruit Cheesecake brez peke 132
60. Cheesecake iz rikote s pasijonko 135
61. Margarita kreme z mangom in strast 137
62. Sables pasijonka malina 139
63. Pasijonka 141
64. Mango in pasijonka Pavlova 143
65. Novozelandski kivi pavlova 145
66. Tropsko sadje pavlova 147
67. No-Bake Passion Fruit Cobbler 149
68. Sorbet iz pasijonke 151
69. Sorbet iz pasijonke Guava 153
70. Sorbet iz avokada in pasijonke 155

ZAČIMBE 157
71. Karamelna omaka iz pasijonke 158
72. Pasijonka iz grenivke 160

73. Pasijonkina skuta 162
74. Salsa s pasijonko 164
75. Guacamole iz pasijonke 166
76. Džem iz pasijonke 168
77. Maslo iz pasijonke 170
78. Vinaigrette iz pasijonke 172
79. Pekoča omaka iz pasijonke 174
80. Majoneza iz pasijonke 176
81. Passion Fruit BBQ omaka 178
82. Pasijonka Aioli 180
83. Chutney iz pasijonke 182
84. Passion Fruit Gorčica 184

KOKTAJLI IN MOKTAJLI **186**
85. Čaj Boba iz pasijonke 187
86. Vodni led iz pasijonke 189
87. Hladilnik za pasijonko 191
88. Mirno potovanje 193
89. Butterfly Pea & Yellow citronade 195
90. Mocktail iz pasijonke in mace 197
91. Colombiana 199
92. Sadni zeliščni ledeni čaj 201
93. Ledeni čaj iz pasijonke in mete 203
94. Baccarat Rouge 205
95. Berry Tutti-frutti 207
96. Pasijonka Brandywine 210
97. Mojito iz pasijonke 212
98. Passion Fruit Espresso Sour 214
99. Pasijonka Piña Colada 216
100. Limonada iz pasijonke 218

ZAKLJUČEK **220**

UVOD

Pasijonka je edinstveno in eksotično sadje, polno okusa in hranilnih snovi. S svojim pikantnim in sladkim okusom je kot nalašč za uporabo v različnih jedeh, od sladic do slanih obrokov. V tej kuharski knjigi bomo raziskali vsestranskost pasijonke in vam ponudili vrsto receptov in ustvarjalnih idej za kuhanje z njo.

Ne glede na to, ali ste izkušen kuhar ali začetnik v kuhinji, boste na straneh, ki sledijo, našli veliko navdiha. Od klasičnih jedi, kot sta pasijonkin sorbet in sirova torta, do bolj inovativnih receptov, kot sta pasijonkin glaziran piščanec in ceviche s kozicami, vsakdo najde nekaj, v čemer lahko uživa. Torej, pripravite se na raziskovanje sveta pasijonke in pustite svojim brbončicam poleteti!

ZAJTRK IN MALICA

1. **Skutini krofi iz pasijonke**

SESTAVINE:
ZA PASIONJKO SKUTO
- ½ skodelica granuliranega sladkorja
- 3 veliki rumenjaki
- ¼ skodelica pireja pasijonke
- 2 žlici sveže iztisnjenega limoninega soka
- ½ skodelica hladnega nesoljenega masla, narezanega na kocke

ZA KROFE
- ¾ skodelica polnomastnega mleka
- 2 veliki jajci
- 2 velika rumenjaka
- 3 ½ skodelice večnamenske moke
- ¼ skodelica plus 1 skodelica granuliranega sladkorja, razdeljeno
- 2 ¼ čajne žličke (1 zavitek) instant kvasa
- 1 čajna žlička košer soli
- 6 žlic nesoljenega masla, narezanega na kocke
- rastlinsko olje, za cvrtje

NAVODILA:
ZA PASIONJKO SKUTO
a) V loncu s srednje debelim dnom zmešajte ½ skodelice granuliranega sladkorja in 3 velike rumenjake, dokler se dobro ne premešajo in dobite homogeno bledo rumeno zmes.

b) Vmešajte ¼ skodelice pasijonke in 2 žlici svežega limoninega soka, dokler se zmes ne zredči, in lonec postavite na zmeren ogenj.

c) Kuhajte, nenehno mešajte z leseno žlico, dokler zmes ni dovolj gosta, da pokrije hrbtno stran žlice, 8 do 10 minut in zabeleži 160 (F) na termometru s takojšnjim odčitavanjem.

d) Ko se mešanica segreje na 160 (F), odstavite z ognja in vmešajte ½ skodelice neslanega masla, narezanega na kocke, nekaj kock naenkrat, dodajte več, ko so prejšnje kocke popolnoma vključene.

e) Ko dodate vse maslo, s sitom z drobno mrežico precedite skuto v majhno stekleno skledo.

f) Pokrijte s plastično folijo in pritisnite plastiko neposredno na površino skute, da preprečite nastanek kože.

g) Hladite, dokler se ne ohladi in strdi, vsaj 2 do 3 ure (najbolje pa čez noč). Skuta se hrani v zaprtem steklenem kozarcu v hladilniku do 2 tedna.

ZA KROFE

h) Za pripravo testa zavrite ¾ skodelice polnomastnega mleka na srednjem ognju v majhnem loncu. Pozorno pazite, da mleko ne zavre. Mleko nalijte v merilno posodo za tekočino in pustite, da se ohladi na temperaturo med 105 (F) in 110 (F). Ko se mleko ohladi, mu dodajte 2 veliki jajci in 2 velika rumenjaka ter narahlo premešajte, da se združi.

i) V skledi samostoječega mešalnika, opremljenega z nastavkom za lopatice, zmešajte 3 ½ skodelice večnamenske moke, ¼ skodelice granuliranega sladkorja, 2 ¼ čajne žličke instant kvasa in eno čajno žličko košer soli. Dodajte mešanico mleka in mešajte, dokler se ne združi.

j) Preklopite na kavelj za testo in gnetite testo na nizki hitrosti, približno 3 minute. Testo bo videti lepljivo, a nič hudega. Dodajte 6 žlic nesoljenega masla, kocko ali dve naenkrat. Če maslo ni vključeno, odstranite posodo iz mešalnika in maslo gnetite z rokami za minuto, da začnete. Nadaljujte z dodajanjem in gnetenjem, dokler ni dobro združeno.

k) Ko je maslo vmešano, povečajte hitrost mešalnika na srednjo in gnetite testo še nekaj minut, dokler ni gladko in elastično.

l) Testo prenesite v rahlo namaščeno srednje veliko skledo, pokrijte s plastično folijo in postavite v hladilnik za vsaj tri ure, najbolje pa čez noč.

m) Ko je testo ohlajeno, dva pekača obložite s peki papirjem. Pergamentni papir izdatno poškropite s pršilom za kuhanje.

n) Hladno testo preložite na rahlo pomokano delovno površino in ga razvaljajte v hrapav pravokotnik velikosti 9 x 13 palcev, debel približno ½ palca. S 3 ½-palčnim modelčkom za piškote izrežite 12 krogov testa in jih položite na pripravljene liste.

o) Po vrhu vsakega kroga testa rahlo potresemo z moko in jih rahlo pokrijemo s plastično folijo.

p) Postavimo na toplo, da testo vzhaja, dokler ne postane napihnjeno in se ob nežnem pritiskanju počasi dvigne nazaj približno eno uro.

q) Ko ste pripravljeni na cvrenje krofov, obložite rešetko s papirnatimi brisačami. V srednje veliko skledo dajte 1 skodelico granuliranega sladkorja. Dodajte rastlinsko olje v srednji lonec z debelim dnom, dokler ne dobite približno dva centimetra olja.

r) Na stran lonca pritrdite termometer za sladkarije in segrejte olje na 375 (F). Na olje previdno dodamo 1 do 2 krofa in jih zlato rjavo ocvremo približno 1 do 2 minuti na stran.

s) Z žlico z režami izvlecite krofe iz olja in jih prenesite na pripravljeno rešetko. Po približno 1 ali 2 minutah, ko je krof dovolj hladen, ga stresite v skledo z granuliranim sladkorjem, dokler ni prevlečen. Ponovite s preostalim testom.

t) Za polnjenje krofov uporabite Bismarckovo konico za pecivo (ali ročaj lesene žlice), da naredite luknjo na eni strani vsakega, pri čemer pazite, da ne prebodite na drugo stran. Napolnite slaščičarsko vrečko z majhno okroglo konico (ali konico Bismarck za krofe, če želite) s skuto iz pasijonke. Konico slaščičarske vrečke vstavite v luknjo in jo nežno stisnite, da napolnite vsak krof. Odvečno skuto postrezite ob strani kot omako za pomakanje (dobro se obnese tudi z vaflji!). Krofi so najboljši na dan, ko so narejeni.

2. Palačinke s pasijonko

SESTAVINE:
- 1 ½ skodelice večnamenske moke
- 3 ½ žličke pecilnega praška
- 1 žlica sladkorja
- ¼ čajna žlička soli
- 1 ¼ skodelice mleka
- 1 jajce
- 3 žlice stopljenega masla
- ¼ skodelica pulpe pasijonke

NAVODILA:
a) V veliki skledi za mešanje zmešajte moko, pecilni prašek, sladkor in sol.
b) V ločeni skledi zmešajte mleko, jajce, stopljeno maslo in pulpo pasijonke.
c) Dodajte mokre sestavine k suhim sestavinam in mešajte, dokler se le ne povežejo.
d) Na zmernem ognju segrejte ponev proti prijemanju.
e) Uporabite merilo ¼ skodelice, da nalijete testo na ponev.
f) Palačinke pečemo, dokler se na površini ne naredijo mehurčki, nato jih obrnemo in pečemo, dokler ni druga stran zlato rjave barve.
g) Postrezite z maslom, sirupom in dodatno kašo pasijonke.

3. Parfait s pasijonko in jogurtom

SESTAVINE:
- 2 skodelici navadnega grškega jogurta
- ½ skodelica pulpe pasijonke
- ¼ skodelica medu
- 1 skodelica granole

NAVODILA:
a) V skledi za mešanje zmešajte grški jogurt, pulpo pasijonke in med.
b) Jogurtovo mešanico in granolo naložite v kozarec ali kozarec.
c) Na vrh dajte dodatno kašo pasijonke in granolo.
d) Postrezite takoj.

4. Francoski toast s pasijonko

SESTAVINE:
- 8 rezin kruha
- 4 jajca
- ½ skodelica mleka
- ¼ skodelica pulpe pasijonke
- 2 žlici masla
- Sladkor v prahu, za serviranje

NAVODILA:
a) V plitvi posodi zmešajte jajca, mleko in pulpo pasijonke.
b) Na srednjem ognju segrejte ponev, ki se ne sprijema, in stopite 1 žlico masla.
c) Vsako rezino kruha pomočite v jajčno mešanico in premažite obe strani.
d) Pečemo kruh v ponvi do zlato rjave barve na obeh straneh.
e) Ponovite s preostalimi rezinami kruha in po potrebi dodajte več masla.
f) Postrezite s sladkorjem v prahu in dodatno kašo pasijonke.

5. Pasijonke

SESTAVINE:
- 2 skodelici večnamenske moke
- ⅓ skodelica sladkorja
- 1 žlica pecilnega praška
- ½ čajna žlička soli
- ½ skodelica nesoljenega masla, ohlajenega in narezanega na kocke
- ⅔ skodelica pulpe pasijonke
- ½ skodelica težke smetane

NAVODILA:
a) Pečico segrejte na 400°F.
b) V skledi za mešanje zmešajte moko, sladkor, pecilni prašek in sol.
c) Dodajte ohlajeno maslo in z mešalnikom za pecivo ali z rokami narežite maslo na suhe sestavine, dokler zmes ne postane drobtina.
d) Dodajte pulpo pasijonke in smetano ter mešajte, dokler se testo ne združi.
e) Testo zvrnemo na pomokano površino in ga potapkamo v krog.
f) Testo razrežite na 8 rezin
g) Scone položite na pekač, obložen s pergamentnim papirjem.
h) Pečemo 18-20 minut oziroma do zlato rjave barve.
i) Postrezite toplo z maslom in dodatno kašo pasijonke.

6. Mafini s pasijonko

SESTAVINE:
- 2 skodelici večnamenske moke
- 2 žlički pecilnega praška
- ½ čajna žlička soli
- ½ skodelica nesoljenega masla, zmehčanega
- 1 skodelica sladkorja
- 2 jajci
- ½ skodelica pulpe pasijonke
- ½ skodelica mleka
- 1 čajna žlička vanilijevega ekstrakta

NAVODILA:
a) Pečico segrejte na 375°F.
b) V skledi za mešanje zmešajte moko, pecilni prašek in sol.
c) V ločeni skledi stepamo maslo in sladkor, dokler ne postanejo rahli in puhasti.
d) Eno za drugim stepemo jajca, nato pa še pulpo pasijonke.
e) Mokri mešanici postopoma dodajajte suhe sestavine, izmenjaje z mlekom.
f) Vmešajte vanilijev ekstrakt.
g) Maso nadevamo v pekač za mafine, obložen s papirnatimi podlogami.
h) Pecite 18-20 minut oziroma dokler zobotrebec, ki ga zapičite v sredino, ne izstopi čist.
i) Postrežemo toplo.

7. Palačinke iz pasijonke

SESTAVINE:
- 1 skodelica večnamenske moke
- 2 jajci
- ½ skodelica mleka
- ½ skodelica vode
- 2 žlici sladkorja
- ¼ čajna žlička soli
- ¼ skodelica nesoljenega masla, stopljeno
- ½ skodelica pulpe pasijonke

NAVODILA:
a) V skledi za mešanje zmešajte moko, jajca, mleko, vodo, sladkor in sol, dokler ni gladka.
b) Vmešajte stopljeno maslo in kašo pasijonke.
c) Na zmernem ognju segrejte ponev proti prijemanju.
d) Nalijte ¼ skodelice testa na ponev in ga vrtite naokoli, dokler ne prekrije dna ponve.
e) Krep kuhajte, dokler se robovi ne začnejo dvigovati in površina ni suha, nato obrnite in pecite še 10-15 sekund.
f) Ponovite s preostalim testom in kuhane palačinke zložite na krožnik.
g) Po želji postrezite z dodatno kašo pasijonke in stepeno smetano.

8. Ovseni kvadratki pasijonke

SESTAVINE:
- 1 ½ skodelice večnamenske moke
- 1 skodelica ovsenih kosmičev
- ½ skodelica rjavega sladkorja
- ½ čajna žlička soli
- ½ skodelica nesoljenega masla, stopljeno
- ½ skodelica pulpe pasijonke
- ¼ skodelica medu

NAVODILA:
a) Pečico segrejte na 350°F.
b) V skledi za mešanje zmešajte moko, oves, rjavi sladkor in sol.
c) Dodajte stopljeno maslo, kašo pasijonke in med ter mešajte, dokler zmes ne postane drobtina.
d) Zmes vtisnite v 9-palčni kvadratni pekač.
e) Pečemo 25-30 minut oziroma do zlato rjave barve.
f) Ohladite, preden ga narežete na ploščice.
g) Postrezite kot zajtrk ali prigrizek.

9. Vražja jajca s pasijonko

SESTAVINE:
- 6 trdo kuhanih jajc, olupljenih in razpolovljenih
- ¼ skodelica majoneze
- 1 žlica dijonske gorčice
- ¼ skodelica pulpe pasijonke
- Sol in poper po okusu
- Sesekljan drobnjak za okras

NAVODILA:
a) V skledi zmešajte rumenjake, majonezo, dijonsko gorčico, pulpo pasijonke, sol in poper do gladkega.
b) Zmes z žlico vlijemo v beljakove polovice.
c) Potresemo s sesekljanim drobnjakom.
d) Pred serviranjem hladite v hladilniku vsaj 30 minut.

10. Ovsena kaša iz pasijonke

SESTAVINE:
1 skodelica ovsenih kosmičev
2 skodelici vode
Ščepec soli
2 pasijonki
2 žlici medu
Narezani mandlji ali nastrgan kokos za preliv (neobvezno)

NAVODILA:
V kozici zavremo vodo.
Dodamo ovsene kosmiče in sol, zmanjšamo ogenj in med občasnim mešanjem dušimo približno 5 minut.
Pasijonke prerežite na pol in izdolbite meso.
V kuhano ovseno kašo vmešajte kašo pasijonke.
Sladkajte z medom in dobro premešajte.
Odstranite z ognja in pustite stati minuto.
Ovsene kosmiče postrezite vroče, po želji jih potresite z narezanimi mandlji ali nastrganim kokosom.

11. Pink Passion Fruit Breakfast Quinoa

SESTAVINE:
- 1 skodelica rdeče kvinoje
- 1 rumena paprika
- 1 pasijonka
- 3 žlice balzamičnega kisa
- 1 čajna žlička kokosovega sladkorja

NAVODILA:
a) Rdečo kvinojo temeljito sperite pod tekočo vodo, da odstranite morebitno grenkobo.
b) V srednje veliki ponvi zmešajte oprano kvinojo z 2 skodelicama vode. Zavremo.
c) Ko začne vreti, zmanjšajte ogenj na nizko, ponev pokrijte in pustite, da kvinoja vre približno 15-20 minut ali dokler se voda ne vpije in kvinoja ni mehka. Postavite ga na stran.
d) Medtem ko se kvinoja kuha, pripravimo ostale sestavine. Rumeno papriko narežemo na majhne koščke.
e) Pasijonko prerežite na pol in izdolbite semena in meso v majhno skledo.
f) V ločeni majhni skledi zmešajte balzamični kis in kokosov sladkor, dokler se sladkor ne raztopi.
g) Ko je kvinoja kuhana, jo prestavimo v servirno skledo.
h) Kvinoji dodajte na kocke narezano rumeno papriko ter semena in pulpo pasijonke.
i) Mešanico balzamičnega kisa in kokosovega sladkorja pokapajte čez kvinojo in vse skupaj nežno premešajte, dokler se dobro ne poveže.
j) Okusite in po potrebi prilagodite začimbe.
k) Passion Fruit Breakfast Quinoa postrezite toplo ali pri sobni temperaturi.

12. Skleda za zajtrk s pasijonko

SESTAVINE:
1 skodelica navadnega grškega jogurta
1/2 skodelice granole
1 banana, narezana
1 pasijonka
1 žlica medu

NAVODILA:
V skledo položite grški jogurt, granolo in rezine banane.
Pasijonko prerežite na pol in izdolbite meso.
Na vrh sklede položite kašo pasijonke.
Za dodatno sladkobo pokapljajte z medom.
Pred uživanjem vse sestavine zmešajte.

PREDJEDI IN PRIGRIZKI

13. Passion Fruit Ceviche solero

SESTAVINE:
- 1 funt kozic; očistimo, olupimo in narežemo
- 1-funtski fileji hlastača; olupljen in razrezan
- 1 žlica olivnega olja
- 1 žlica svežega pomarančnega soka
- 1 žlica belega kisa
- ½ skodelice svežega limetinega soka
- 1 žlica česna; sesekljan
- 1 žlica rdeče čebule; sesekljan
- 4 unče na kocke narezane rdeče paprike (približno 3/8 skodelice)
- 1 jalapeño; narezan na kocke
- 1 ščepec mlete kumine
- 1 čajna žlička soli
- 1 žlica sesekljanih listov cilantra
- 2 žlici pireja iz pasijonke

NAVODILA:

a) Kozice kuhajte v vreli vodi, da so pokrite, 1 minuto. Precedite in pokrito hranite v hladilniku, dokler se ne ohladi.

b) V veliki skledi zmešajte kocke hlastačev, olje, pomarančni sok, kis, limetin sok, česen, čebulo, papriko, jalapeño, kumino, sol, koriander in pire iz pasijonke. Dodamo kozice; pokrijemo in mariniramo v hladilniku vsaj 6 ur.

c) Postrezite na trakovih endivije ali zelene solate, okrašenih s trakovi paprike in rezinami limete.

14. Hula piškotki

SESTAVINE:
- 2½ skodelice večnamenske moke
- ½ čajne žličke pecilnega praška
- 1 skodelica veganske margarine
- 1 skodelica sladkorja
- 1½ čajne žličke jajčnega nadomestka, stepite v 2 žlici vode
- 2 žlički čistega vanilijevega ekstrakta
- marmelada iz pasijonke

NAVODILA:
a) Pečico segrejte na 300°F. V srednje veliki skledi zmešajte moko in pecilni prašek ter dobro premešajte. Dati na stran.
b) V veliki skledi z električnim mešalnikom stepite margarino in sladkor, dokler ne postanejo rahli in puhasti. Dodamo jajčni nadomestek in vanilijo ter stepamo na srednji stopnji do gladkega.
c) Dodajte suhe sestavine k mokrim sestavinam in stepajte pri nizki temperaturi, dokler se temeljito ne premešajo. Testo mora biti čvrsto.
d) Zajemajte testo po 1 žlico naenkrat in ga razvaljajte v kroglice.
e) Kroglice testa položite na nenamazane pekače, približno 1 cm narazen.
f) S palcem ali zadnjim delom merilne žličke s 1/4 čajne žličke naredite vdolbino na sredini vsake krogle testa.
g) V vsako vdolbino damo 1/4 žličke marmelade. Pečemo do zlato rjave barve, 22 do 24 minut.
h) Ohladite na pekaču 5 minut, preden ga odstranite na rešetko, da se popolnoma ohladi. Hraniti v nepredušni posodi.

15. Ploščice pasijonke

SESTAVINE:
ZA SKORICO:
- 8 unč nesoljenega masla, stopljenega in rahlo ohlajenega
- ½ skodelica granuliranega sladkorja
- 2 žlički vanilijevega ekstrakta
- ½ žličke soli
- 2 skodelici unč večnamenske moke

ZA NADEV:
- 8 velikih jajc
- 2 ⅓ skodelice granuliranega sladkorja
- 1 ½ skodelice pireja iz pasijonke
- ½ skodelica večnamenske moke

NAVODILA:
NAREDITE SKORJO:
a) Pečico segrejte na 350 stopinj Fahrenheita. Pekač 9 x 13 obložite s folijo, tako da sega ob stranice, in folijo poškropite s pršilom za kuhanje proti prijemanju.
b) V skledi zmešajte stopljeno maslo, sladkor, vanilijo in sol. Ko zmešate, dodajte moko in mešajte z lopatko, dokler se ne združi in ne ostanejo nobene sledi moke. Testo strgamo v pekač in ga stisnemo v enakomerno plast. Morda se zdi nekoliko masten – to je normalno.
c) Pecite skorjo 25-30 minut pri 350 F, dokler ni zlato rjava na vrhu. Medtem ko se skorja peče, pripravite nadev, da bo pripravljen takoj, ko je skorja pripravljena.

IZDELAVA NADEVA:
d) V veliki skledi zmešajte jajca, kristalni sladkor in pire iz pasijonke. Na jajčno mešanico presejemo moko in jo prav tako vmešamo.
e) Ko je nadev pečen, rešetko napol potisnite ven iz pečice. Nadev prelijemo čez vročo skorjo in potisnemo nazaj v pečico. Zmanjšajte temperaturo na 325 F in pecite 25-30 minut. Končano je, ko se sredica komaj zatrese, ko se dotaknete ponve.
f) Ko končate, pekač odstranite iz pečice in pustite, da se ohladi, dokler ne doseže sobne temperature. Za najbolj čiste kose ohladite ploščice in jih razrežite, ko so popolnoma hladne. Za rezanje odstranite palice iz pekača in uporabite folijo kot ročaje. Uporabite velik oster kuharski nož in ga pogosto obrišite med rezi. Pred serviranjem po vrhu potresemo s sladkorjem v prahu. Ploščice pasijonke hranite v nepredušni posodi v hladilniku do enega tedna.

16. Tahitijska kavna bomba

SESTAVINE:
- 2 unči limetinega soka
- 1 skodelica sode bikarbone
- ¼ skodelica preprostega sirupa
- ¼ skodelica pireja iz pasijonke
- 2 unči koncentrata hladnega zvarka
- 3 unče medenega sirupa
- voda
- 2 unči guavinega pireja
- ½ skodelica citronske kisline
- 2 unči pomarančnega soka
- 1 skodelica superfinega sladkorja
- 5 g akacijeve gume

NAVODILA:
a) Vse sestavine odmerite v skledo.
b) Mešanico obdelajte z rokami, dokler ne dobi peščene teksture.
c) Zmes oblikujemo v kroglice in jih damo v model, da se strdijo.
d) Odlijte in nato shranite v hladilniku ali na pultu v nepredušni posodi.

17. Humus iz pasijonke

SESTAVINE:
- 1 pločevinka čičerike, odcejene in oprane
- ¼ skodelica tahinija
- ¼ skodelica pulpe pasijonke
- 2 stroka česna, nasekljana
- ¼ skodelica olivnega olja
- Sol in poper po okusu

NAVODILA:
a) V kuhinjskem robotu zmešajte čičeriko, tahini, pulpo pasijonke, česen, oljčno olje, sol in poper.
b) Procesirajte, dokler ni gladka in kremasta.
c) Pred serviranjem hladite v hladilniku vsaj 30 minut.
d) Postrezite s pita čipsom ali svežo zelenjavo.

18. Brusketa iz pasijonke

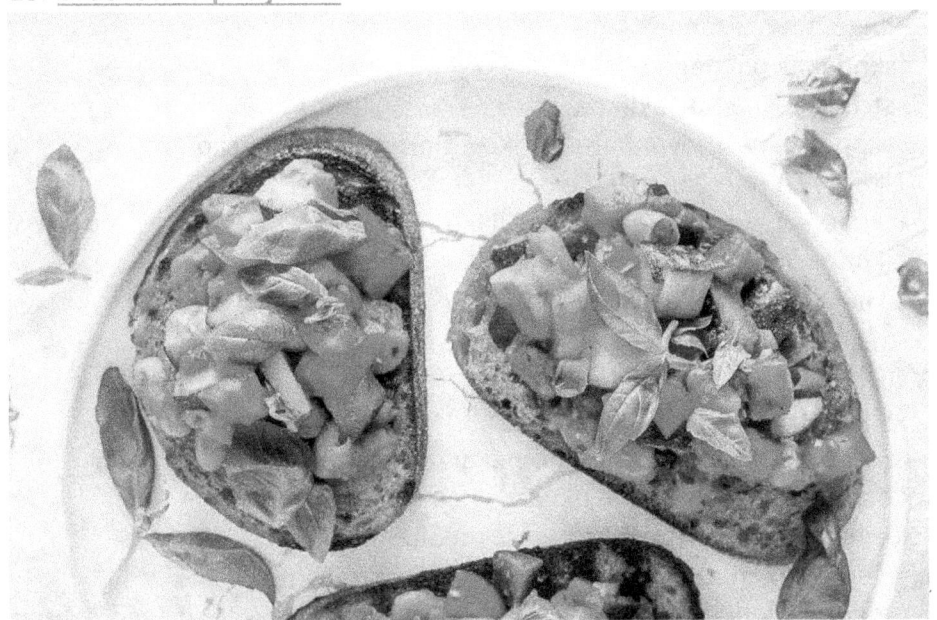

SESTAVINE:
- 1 bageta, narezana
- ¼ skodelica olivnega olja
- 2 stroka česna, nasekljana
- 1 skodelica češnjevih paradižnikov, narezanih na kocke
- ¼ skodelico narezane rdeče čebule
- ¼ skodelica sesekljane sveže bazilike
- ¼ skodelica pulpe pasijonke
- Sol in poper po okusu

NAVODILA:
a) Pečico segrejte na 350°F.
b) Rezine bagete razporedite po pekaču.
c) V manjši skledi zmešajte olivno olje in nasekljan česen.
d) Rezine bagete namažite s česnovim oljem.
e) Pečemo 5-7 minut ali dokler niso rahlo popečene.
f) V ločeni skledi zmešajte na kocke narezan paradižnik, rdečo čebulo, baziliko, pulpo pasijonke, sol in poper.
g) Paradižnikovo zmes z žlico naložimo na popečene rezine bagete.
h) Postrezite takoj.

19. Pasijonka piščančja krila

SESTAVINE:
- 2 kilograma piščančjih kril
- ¼ skodelica pulpe pasijonke
- ¼ skodelica medu
- 2 žlici sojine omake
- 2 stroka česna, nasekljana
- 1 čajna žlička naribanega svežega ingverja
- Sol in poper po okusu

NAVODILA:
a) Pečico segrejte na 400°F.
b) Piščančje peruti razporedimo po pekaču.
c) V majhni skledi zmešajte kašo pasijonke, med, sojino omako, česen, ingver, sol in poper.
d) Piščančje peruti premažite z glazuro iz pasijonke.
e) Pečemo 30-35 minut oziroma dokler ni pečeno in zlato rjavo.
f) Postrezite toplo.

20. Granola ploščice pasijonke

SESTAVINE:
2 skodelici ovsenih kosmičev
1 skodelica naribanega kokosa
1/2 skodelice mandljevega masla
1/3 skodelice medu
1/4 skodelice sesekljanih oreščkov (npr. mandljev, indijskih oreščkov ali orehov)
1/4 skodelice suhega sadja (npr. rozine, brusnice ali sesekljani datlji)
2 pasijonki
1 čajna žlička vanilijevega ekstrakta

NAVODILA:
Pečico segrejte na 350 °F (175 °C) in obložite pekač s pergamentnim papirjem.
V veliki skledi zmešajte ovsene kosmiče, narezan kokos, mandljevo maslo, med, sesekljane oreščke, suho sadje, pulpo pasijonk in ekstrakt vanilije.
Dobro premešajte, dokler niso vse sestavine enakomerno porazdeljene.
Zmes preložimo v pripravljen pekač in jo močno pritisnemo.
Pečemo 15-20 minut oziroma do zlato rjave barve.
Odstranite iz pečice in pustite, da se popolnoma ohladi, preden ga razrežete na palice.

21. Koktajl s pasijonko in kozicami

SESTAVINE:
- 1 funt kuhanih in ohlajenih kozic, olupljenih in razrezanih
- ¼ skodelica pulpe pasijonke
- ¼ skodelica kečapa
- 1 žlica hrena
- 1 žlica Worcestershire omake
- 1 žlica limetinega soka
- Sol in poper po okusu

NAVODILA:
a) V skledi zmešajte kašo pasijonke, kečap, hren, Worcestershire omako, limetin sok, sol in poper.
b) Ohlajene kozice razporedimo po servirnem krožniku.
c) Ob strani postrezite koktajl omako iz pasijonke za namakanje.

22. Nabodala s pasijonko in kozicami

SESTAVINE:
Škampi, olupljeni in razrezani
2 pasijonki
Olivno olje
Sol in poper po okusu
Sveži listi cilantra, sesekljani

NAVODILA:
Žar ali žar ponev segrejte na srednje visoko temperaturo.
Pasijonke prerežite na pol in izdolbite meso.
Kozico nataknite na nabodala.
Kozico premažite z oljčnim oljem in potresite s soljo, poprom in sesekljanim koriandrom.
Kozice pecite na žaru približno 2-3 minute na vsako stran, dokler niso rožnate in pečene.
Odstranite kozico z žara in pokapajte s kašo pasijonke.
Postrezite kot predjed ali lahek prigrizek.

23. Guacamole iz pasijonke

SESTAVINE:
2 zrela avokada
2 pasijonki
1 majhna rdeča čebula, drobno sesekljana
1 majhen paradižnik, narezan na kocke
Sok 1 limete
Sol in poper po okusu
Sveži listi cilantra, sesekljani
NAVODILA:

Avokado prerežemo na pol, odstranimo pečke in izdolbemo meso v skledo.
Pasijonke prerežite na pol in izdolbite meso.
V skledo z avokadom dodajte meso pasijonke, rdečo čebulo, paradižnik, limetin sok, sol, poper in koriander.
Vse skupaj pretlačimo z vilicami, dokler ne dosežemo želene gostote.
Začimbe prilagodite okusu.
Postrezite s tortiljinim čipsom ali kot namaz za sendviče.

24. Zvitki s pasijonko, šunko in sirom

SESTAVINE:
Narezana delikatesna šunka
Narezan sir (čedar, švicarski ali želena vrsta)
2 pasijonki
Listi sveže bazilike

NAVODILA:
Rezino šunke položite na čisto površino.
Na vrh šunke položite rezino sira.
Pasijonke prerežite na pol in izdolbite meso.
Na sir nanesite majhno količino pulpe pasijonke.
Na vrh položite nekaj svežih listov bazilike.
Šunko in sir tesno zvijte.
Po potrebi pritrdite z zobotrebci.
Ponovite s preostalo šunko, sirom, pulpom pasijonke in baziliko.
Postrezite kot velike predjedi ali prigrizke.

25. Nabodala Caprese iz pasijonke

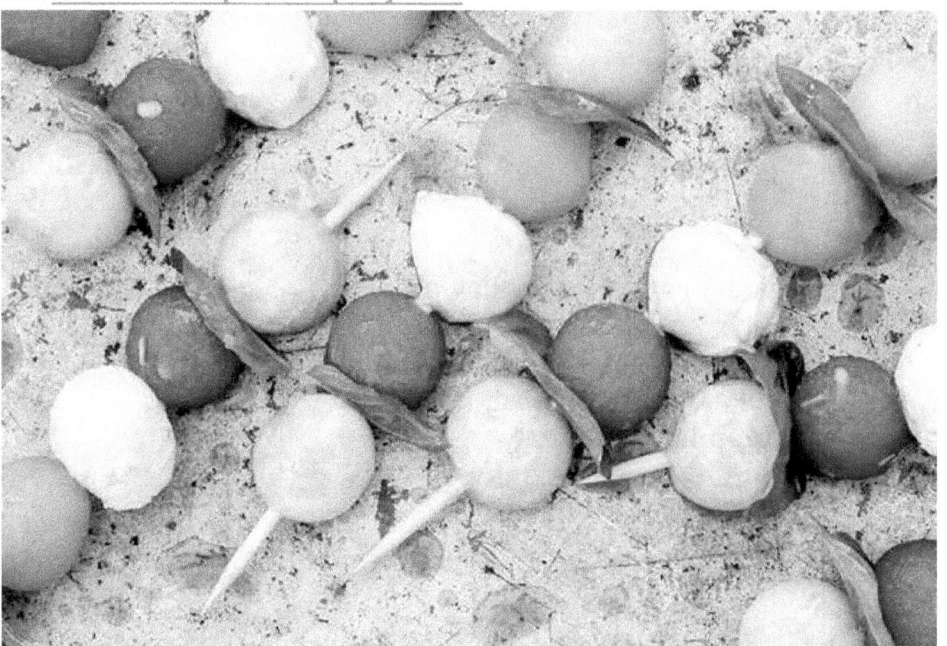

SESTAVINE:
češnjev paradižnik
Kroglice sveže mocarele
Listi sveže bazilike
2 pasijonki
Balzamična glazura
NAVODILA:

Na vsako nabodalo nataknite češnjev paradižnik, kroglico mocarele in list sveže bazilike.
Pasijonke prerežite na pol in izdolbite meso.
Na nabodala pokapljajte kašo pasijonke.
Prelijemo z balzamično glazuro.
Nabodala razporedimo po krožniku.
Postrezite kot predjed ali prigrizek.

26. Pasijonka in pršut Crostini

SESTAVINE:
Rezine bagete, popečene
Kozji sir ali kremni sir
Rezine pršuta
2 pasijonki
Listi sveže mete
NAVODILA:

Vsako rezino bagete namažite s plastjo kozjega ali kremnega sira.
Na vrh položimo rezino pršuta.
Pasijonke prerežite na pol in izdolbite meso.
Na pršut z žlico nanesite majhno količino pulpe pasijonke.
Okrasite z listi sveže mete.
Postrezite kot elegantne predjedi.

27. Energijske kroglice iz pasijonke

SESTAVINE:
1 skodelica izkoščičenih datljev
1 skodelica mandljev
2 žlici chia semen
2 žlici naribanega kokosa
2 pasijonki
1 žlica medu (neobvezno)

NAVODILA:
Datlje, mandlje, chia semena, nastrgan kokos in pulpo pasijonk dajte v kuhinjski robot.
Procesirajte, dokler se zmes ne združi in nastane lepljivo testo.
Če je zmes presuha, dodajte med in ponovno obdelajte.
Mešanico z rokami razvaljajte v majhne kroglice.
Energijske kroglice postavite v nepredušno posodo in jih postavite v hladilnik za vsaj 30 minut, da se strdijo.
Postrezite kot zdrav prigrizek na poti.

28. Passion Fruit Jogurt Dip

SESTAVINE:
1 skodelica grškega jogurta
2 pasijonki
1 žlica medu
Narezano sadje ali krekerji za namakanje
NAVODILA:

Pasijonke prerežite na pol in izdolbite meso.
V skledi zmešajte grški jogurt, pulpo pasijonke in med.
Dobro premešajte, dokler niso vse sestavine popolnoma vključene.
Jogurtovo pomako postrezite z narezanim sadjem ali krekerji.
Uživajte kot lahek in pikanten prigrizek.

GLAVNA JED

29. Piščančje prsi z omako iz pasijonke

SESTAVINE:
- 4 piščančje prsi
- 4 pasijonke; prepolovljeno, brez semen in pulpe pridržano
- 1 žlica Jack Daniel's
- janež z 2 zvezdicami
- 2 unči javorjevega sirupa
- 1 šopek drobnjaka; sesekljan
- Sol in črni poper

NAVODILA:
a) Na srednjem ognju segrejte ponev s pulpo pasijonke, dodajte Jack Daniel's, zvezdasti janež, javorjev sirup in drobnjak; dobro premešamo, pustimo vreti 5-6 minut in odstavimo z ognja.
b) Piščanca začinite s soljo in poprom, dajte v predhodno segret cvrtnik in kuhajte pri 360 °F 10 minut; obračanje na pol. Piščanca razdelimo na krožnike, omako malo segrejemo, pokapamo po piščancu in postrežemo.

30. Marinirana tuna s pasijonko

SESTAVINE:
- 3 cm (1½ palca) debel kos fileja tuninega hrbta,
- 2 majhni, zreli in nagubani pasijonki,
- 1 žlica limetinega soka
- 3 žlice sončničnega olja
- 1 srednje pekoč zelen čili
- 1 čajna žlička sladkorja v prahu
- 1½ žlice drobno sesekljanega koriandra

NAVODILA:
a) Kos fileja tuninega hrbta položimo na desko in ga prečno narežemo na zelo tanke rezine. Rezine položite eno poleg druge, vendar stisnjene tesno skupaj, na dno štirih velikih krožnikov. Vsako pokrijte s filmom za živila in ohladite vsaj 1 uro ali dokler niste pripravljeni za serviranje.
b) Tik pred serviranjem naredite preliv za mariniranje. Pasijonko prerežite na pol in meso stresite v cedilo nad skledo. Meso pretlačite skozi sito, da iztisnete sok, in zavrzite semena. Ostati vam mora približno ena žlica soka. Primešajte limetin sok, sončnično olje, zeleni čili, sladkor, koriander, ½ čajne žličke soli in nekaj sveže mletega popra.
c) Za serviranje odkrijte krožnike, prelijte preliv in ga s hrbtno stranjo žlice razmažite po površini ribe.
d) Pred serviranjem pustite 10 minut.

31. Pasijonka in piščančji curry

SESTAVINE:
- 2 žlici rastlinskega olja
- 1 čebula, sesekljana
- 2 stroka česna, nasekljana
- 1 žlica naribanega svežega ingverja
- 1 čajna žlička mletega koriandra
- 1 čajna žlička mlete kumine
- 1 čajna žlička kurkume
- 1 čajna žlička paprike
- ½ čajna žlička cimeta
- ¼ čajna žlička kajenskega popra
- 1 funt piščančjih beder brez kosti in kože, narezanih na kocke
- 1 pločevinka (14 unč) kokosovega mleka
- ½ skodelica piščančje juhe
- ¼ skodelica pulpe pasijonke
- 1 žlica medu
- Sol in poper po okusu
- Kuhan riž za serviranje

NAVODILA:
a) V veliki ponvi segrejte rastlinsko olje na srednje močnem ognju.
b) Dodajte čebulo, česen in ingver ter kuhajte 2-3 minute ali dokler se ne zmehčajo.
c) Dodajte koriander, kumino, kurkumo, papriko, cimet in kajenski poper ter kuhajte še 1-2 minuti ali dokler ne zadiši.
d) Dodajte koščke piščanca in kuhajte 5-7 minut ali dokler ne porjavijo z vseh strani.
e) Dodajte kokosovo mleko, piščančjo juho, pulpo pasijonke in med ter premešajte, da se združi.
f) Mešanico zavrite in kuhajte 20-25 minut oziroma dokler ni piščanec kuhan in se omaka zgosti.
g) Začinimo s soljo in poprom po okusu.
h) Curry postrezite s kuhanim rižem.

32. Svinjska rezina, glazirana s pasijonko

SESTAVINE:
- 1 ½ funta svinjskega fileja
- Sol in poper po okusu
- 1 žlica olivnega olja
- ½ skodelica pulpe pasijonke
- ¼ skodelica medu
- 1 žlica dijonske gorčice
- 1 žlica sojine omake
- 1 žlica jabolčnega kisa
- 1 čajna žlička naribanega svežega ingverja
- ½ žlička česna v prahu

NAVODILA:
a) Pečico segrejte na 375°F.
b) Svinjski file začinite s soljo in poprom.
c) V ponvi, primerni za pečico, na srednje močnem ognju segrejte olivno olje.
d) Dodajte svinjski file in pražite z vseh strani, dokler ne porjavi, približno 2-3 minute na stran.
e) V majhni skledi zmešajte meso pasijonke, med, dijonsko gorčico, sojino omako, jabolčni kis, ingver in česen v prahu.
f) Glazuro iz pasijonke premažite po svinjskem fileju.
g) Ponev prestavite v pečico in pecite 20-25 minut ali dokler notranja temperatura svinjskega fileja ne doseže 145 °F.
h) Pustite svinjski file počivati 5-10 minut, preden ga narežete.
i) Svinjski file postrezite s preostalo glazuro iz pasijonke ob strani.

33. Losos, glaziran s pasijonko

SESTAVINE:
4 fileje lososa
Sol in poper po okusu
Sok 2 pasijonk
2 žlici medu
1 žlica sojine omake
1 žlica naribanega ingverja
2 stroka česna, nasekljana
NAVODILA:

Pečico segrejte na 400°F (200°C).
Lososove fileje začinite s soljo in poprom.
V majhni skledi zmešajte sok pasijonke, med, sojino omako, nariban ingver in sesekljan česen.
Lososove fileje položite na pekač, obložen s pergamentnim papirjem.
Lososove fileje premažite z glazuro iz pasijonke.
Pečemo 12-15 minut oziroma dokler losos ni pečen.
Glaziranega lososa postrezite s poparjenim rižem ali pečeno zelenjavo.

34. Passion Fruit Stir-Fruit s kozicami

SESTAVINE:
1 funt kozic, olupljenih in razrezanih
Sol in poper po okusu
2 žlici rastlinskega olja
1 rdeča paprika, narezana na rezine
1 rumena paprika, narezana na rezine
1 čebula, narezana
2 stroka česna, nasekljana
Sok 2 pasijonk
2 žlici sojine omake
1 žlica medu
Sveži listi cilantra za okras
NAVODILA:

Kozico posolimo in popopramo.
V veliki ponvi ali voku na srednje močnem ognju segrejte rastlinsko olje.
Dodajte kozico in kuhajte 2-3 minute na vsaki strani, dokler ni rožnata in kuhana.
Odstranite kozico iz ponve in jo odstavite.
V isto ponev dodamo narezano papriko, čebulo in sesekljan česen.
Med mešanjem pražimo 3-4 minute, da zelenjava postane mehka in hrustljava.
V majhni skledi zmešajte sok pasijonke, sojino omako in med.
Zelenjavo v ponvi prelijemo z omako in kuhamo še eno minuto.
Kuhane kozice vrnemo v ponev in vse skupaj prelijemo z omako.
Odstranite z ognja in okrasite s svežimi listi cilantra.
Postrezite ocvrto pasijonko s kozicami na dušenem rižu ali rezancih.

35. Passion Fruit Tofu Stir-Fry

SESTAVINE:
1 blok čvrstega tofuja, odcejenega in narezanega na kocke
Sol in poper po okusu
2 žlici rastlinskega olja
1 rdeča paprika, narezana na rezine
1 rumena paprika, narezana na rezine
1 čebula, narezana
2 stroka česna, nasekljana
Sok 2 pasijonk
2 žlici sojine omake
1 žlica medu
Sveži listi cilantra za okras
NAVODILA:

Kocke tofuja začinimo s soljo in poprom.
V veliki ponvi ali voku na srednje močnem ognju segrejte rastlinsko olje.
Dodamo kocke tofuja in pražimo 4-5 minut, da z vseh strani zlato porjavijo.
Odstranite tofu iz ponve in ga postavite na stran.
V isto ponev dodamo narezano papriko, čebulo in sesekljan česen.
Med mešanjem pražimo 3-4 minute, da zelenjava postane mehka in hrustljava.
V majhni skledi zmešajte sok pasijonke, sojino omako in med.
Zelenjavo v ponvi prelijemo z omako in kuhamo še eno minuto.
Kuhan tofu vrnemo v ponev in vse skupaj premešamo, da se prelije z omako.
Odstranite z ognja in okrasite s svežimi listi cilantra.
Pasijonkin tofu postrezite na dušenem rižu ali rezancih.

36. Piščančje bedre, glazirane s pasijonko

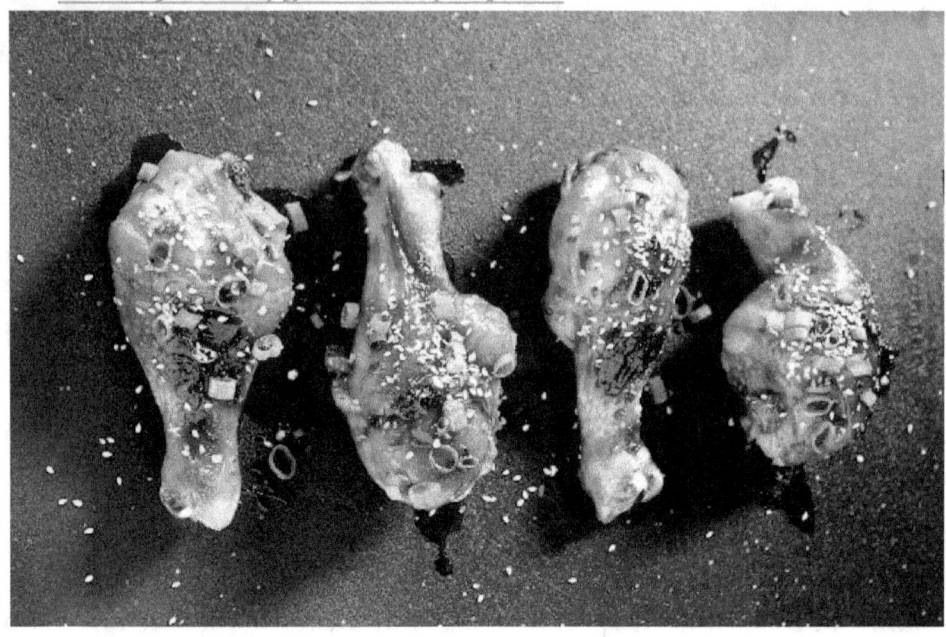

SESTAVINE:
8 piščančjih krač
Sol in poper po okusu
Sok 3 pasijonk
2 žlici medu
2 žlici sojine omake
2 žlici kečapa
1 žlica dijonske gorčice
2 stroka česna, nasekljana
NAVODILA:

Pečico segrejte na 400°F (200°C).
Piščančje krače začinimo s soljo in poprom.
V majhni skledi zmešajte sok pasijonke, med, sojino omako, kečap, dijonsko gorčico in sesekljan česen.
Piščančje bedre položimo na pekač, obložen s peki papirjem.
Glazuro iz pasijonke s čopičem premažite po palčkah, pri čemer nekaj prihranite za polivanje.
Pečemo 40-45 minut, vsakih 15 minut prelijemo z glazuro, dokler ni piščanec pečen in glazura karamelizirana.
Odstranite iz pečice in pustite krače počivati nekaj minut, preden jih postrežete.
Piščančje bedre, glazirane s pasijonko, postrezite s prilogo iz riža in dušene zelenjave.

37. Curry iz pasijonke

SESTAVINE:
1 žlica rastlinskega olja
1 čebula, sesekljana
2 stroka česna, nasekljana
1 žlica naribanega ingverja
2 žlici curryja v prahu
1 pločevinka kokosovega mleka
Sok 2 pasijonk
1 skodelica narezane zelenjave po vaši izbiri (npr. paprika, korenje, grah)
1 funt piščanca, govedine ali tofuja (neobvezno)
Sol in poper po okusu
Sveži listi cilantra za okras
Kuhan riž ali naan kruh za serviranje

NAVODILA:

V veliki ponvi ali loncu na srednjem ognju segrejte rastlinsko olje.
Dodamo sesekljano čebulo, sesekljan česen in nariban ingver.
Pražite 2-3 minute, dokler ne zadiši.
Vmešajte kari in kuhajte še eno minuto.
Če uporabljate meso ali tofu, ga dodajte v ponev in kuhajte, dokler ne porjavi.
Prilijemo kokosovo mleko in sok pasijonke.
Dodamo na kocke narezano zelenjavo ter začinimo s soljo in poprom.
Dušite 15-20 minut oziroma dokler se zelenjava ne zmehča in se okusi stopijo.
Po potrebi prilagodite začimbe.
Curry iz pasijonke postrezite na kuhanem rižu ali z naan kruhom.
Okrasite s svežimi listi cilantra.

38. Passion Fruit Beef Stir-Fry

SESTAVINE:
1 funt govejega mesa, narezan na tanke rezine (na primer zrezek ali pečenka)
Sol in poper po okusu
2 žlici rastlinskega olja
1 rdeča paprika, narezana na rezine
1 zelena paprika, narezana na rezine
1 čebula, narezana
2 stroka česna, nasekljana
Sok 2 pasijonk
2 žlici sojine omake
1 žlica medu
Sezamovo seme za okras

NAVODILA:

Goveje rezine začinimo s soljo in poprom.
V veliki ponvi ali voku na srednje močnem ognju segrejte rastlinsko olje.
Dodajte rezine govejega mesa in kuhajte 2-3 minute, dokler ne porjavijo.
Odstranite goveje meso iz ponve in ga postavite na stran.
V isto ponev dodamo narezano papriko, čebulo in sesekljan česen.
Med mešanjem pražimo 3-4 minute, da zelenjava postane mehka in hrustljava.
V majhni skledi zmešajte sok pasijonke, sojino omako in med.
Zelenjavo v ponvi prelijemo z omako in kuhamo še eno minuto.
Kuhano govedino vrnemo v ponev in vse skupaj prelijemo z omako.
Odstranite z ognja in okrasite s sezamovimi semeni.
Govejo pasijonko postrezite na dušenem rižu ali rezancih.

39. Zrezek na žaru s pasijonko Chimichurri

SESTAVINE:
2 rebulna zrezka ali zrezka
Sol in poper po okusu
Sok 2 pasijonk
2 žlici olivnega olja
2 žlici rdečega vinskega kisa
1 skodelica svežih peteršiljevih listov, sesekljanih
3 stroki česna, sesekljani
1 čajna žlička posušenega origana

NAVODILA:

Žar segrejte na srednje visoko temperaturo.
Zrezke posolimo in popopramo.
V majhni skledi zmešajte sok pasijonke, olivno olje, rdeči vinski kis, sesekljan peteršilj, sesekljan česen in posušen origano, da naredite omako chimichurri.
Zrezke pecite na žaru 4-5 minut na vsako stran ali do želene stopnje pečenosti.
Zrezke vzamemo z žara in pustimo nekaj minut počivati.
Zrezke narežite in po vrhu pokapajte omako iz pasijonke chimichurri.
Postrežemo s praženim krompirjem ali prilogo.

40. Passion Fruit Kokos Curry Škampi

SESTAVINE:
1 funt kozic, olupljenih in razrezanih
Sol in poper po okusu
1 žlica rastlinskega olja
1 čebula, sesekljana
2 stroka česna, nasekljana
1 žlica naribanega ingverja
1 žlica karija v prahu
1 pločevinka kokosovega mleka
Sok 2 pasijonk
1 skodelica na kocke narezane zelenjave po vaši izbiri (npr. paprika, bučke, korenje)
Sveži listi cilantra za okras
Kuhan riž za serviranje
NAVODILA:

Kozico posolimo in popopramo.
V veliki ponvi ali loncu na srednjem ognju segrejte rastlinsko olje.
Dodamo sesekljano čebulo, sesekljan česen in nariban ingver.
Pražite 2-3 minute, dokler ne zadiši.
Vmešajte kari in kuhajte še eno minuto.
Dodajte kozico v ponev in kuhajte, dokler ni rožnata in kuhana.
Prilijemo kokosovo mleko in sok pasijonke.
Dodamo na kocke narezano zelenjavo ter začinimo s soljo in poprom.
Dušimo 10-15 minut oziroma dokler se zelenjava ne zmehča in se okusi stopijo.
Po potrebi prilagodite začimbe.
Postrezite kozico s pasijonko in kokosovim curryjem na kuhanem rižu.
Okrasite s svežimi listi cilantra.

SOLATE

41. Solata s piščancem, avokadom in papajo

SESTAVINE:
- 6 Polovic poširanih piščančjih prsi brez kosti
- 2 Olupljene in na tanke rezine narezane zrele papaje
- 2 Olupljen in na tanke rezine narezan zrel avokado
- 4 žlice svežega limetinega soka
- Meso 1 zrelega pasijonke
- ½ skodelice rastlinskega olja
- Drobno naribana lupina 1 limete
- Sol in poper
- 23 žlice medu
- ½ skodelice grobo sesekljanih pekanov

NAVODILA:
a) 6 solatnih krožnikov obložimo s solato. Odrežite maščobo, ki je ostala na piščancu.
b) Piščanca narežemo na grižljaj velike kose.
c) Na krožnike zamenjajte piščanca, avokado in papajo
d) Zmešajte limetin sok, pulpo, olje, lupino, sol in poper ter med.
e) Vsako solato prelijte s prelivom
f) Potresemo z orehi orehi.

42. Solata iz tropskega sadja s prelivom iz pasijonke

SESTAVINE:
1 skodelica narezanega ananasa
1 skodelica na kocke narezanega manga
1 skodelica narezane papaje
1 skodelica narezanega kivija
2 pasijonki
Sok 1 limete
2 žlici medu
Listi sveže mete za okras
NAVODILA:

V veliki skledi zmešajte na kocke narezan ananas, mango, papajo in narezan kivi.
Pasijonke prerežite na pol in izdolbite meso.
V ločeni majhni skledi zmešajte pulpo pasijonke, limetin sok in med, da naredite preliv.
Preliv pokapljajte po sadni solati in nežno premešajte, da se poveže.
Okrasite z listi sveže mete.
Postrežemo ohlajeno.

43. Solata iz špinače in pasijonke

SESTAVINE:
4 skodelice svežih listov mlade špinače
1 skodelica narezanih jagod
1/2 skodelice zdrobljenega feta sira
1/4 skodelice narezanih mandljev
2 pasijonki
Balzamična glazura za prelivanje
NAVODILA:

V veliki skledi za solato zmešajte liste mlade špinače, narezane jagode, nadrobljen feta sir in narezane mandlje.
Pasijonke prerežite na pol in izdolbite meso.
Po solati potresemo pulpo pasijonke.
Prelijemo z balzamično glazuro.
Nežno premešajte, da se združi.
Postrezite takoj.

44. Solata iz avokada in pasijonke

SESTAVINE:
2 zrela avokada, narezana na rezine
1 skodelica češnjevih paradižnikov, prepolovljena
1/4 skodelice rdeče čebule, narezane na tanke rezine
2 pasijonki
Sok 1 limete
2 žlici olivnega olja
Sol in poper po okusu
Sveži listi cilantra za okras
NAVODILA:

Na krožnik razporedimo rezine avokada, razpolovljene češnjeve paradižnike in narezano rdečo čebulo.
Pasijonke prerežite na pol in izdolbite meso.
V majhni skledi zmešajte pulpo pasijonke, limetin sok, olivno olje, sol in poper, da naredite preliv.
Preliv pokapljamo po solati.
Okrasite s svežimi listi cilantra.
Postrezite takoj.

45. Solata iz kvinoje in pasijonke

SESTAVINE:
1 skodelica kuhane kvinoje
1 skodelica narezane kumare
1 skodelica razpolovljenih češnjevih paradižnikov
1/4 skodelice sesekljane rdeče čebule
2 pasijonki
Sok 1 limone
2 žlici ekstra deviškega oljčnega olja
Sol in poper po okusu
Listi svežega peteršilja za okras
NAVODILA:

V veliki skledi zmešajte kuhano kvinojo, na kocke narezano kumaro, prepolovljene češnjeve paradižnike in sesekljano rdečo čebulo.
Pasijonke prerežite na pol in izdolbite meso.
V ločeni majhni skledi zmešajte meso pasijonke, limonin sok, olivno olje, sol in poper, da naredite preliv.
Preliv pokapajte po kvinojini solati.
Nežno premešajte, da se združi.
Okrasite s svežimi listi peteršilja.
Postrežemo ohlajeno.

46. Solata iz lubenice in pasijonke

SESTAVINE:
4 skodelice narezane lubenice
1 skodelica svežih borovnic
1/4 skodelice sesekljanih listov sveže mete
2 pasijonki
Sok 1 limete
2 žlici medu
Listi sveže bazilike za okras

NAVODILA:
V veliki skledi zmešajte narezano lubenico, sveže borovnice in sesekljane liste sveže mete.
Pasijonke prerežite na pol in izdolbite meso.
V ločeni majhni skledi zmešajte pulpo pasijonke, limetin sok in med, da naredite preliv.
Preliv pokapljamo po sadni solati.
Nežno premešajte, da se združi.
Okrasite z listi sveže bazilike.
Postrežemo ohlajeno.

47. Solata iz mešanice zelenjave in pasijonke

SESTAVINE:
4 skodelice mešane zelene solate (npr. rukola, mlada špinača, zelena solata)
1 skodelica narezanih kumar
1 skodelica narezanih redkvic
1/4 skodelice zdrobljenega kozjega sira
2 pasijonki
Sok 1 limone
2 žlici ekstra deviškega oljčnega olja
Sol in poper po okusu
Praženi orehi za okras

NAVODILA:
V veliki skledi za solato zmešajte mešano zeleno solato, narezane kumare, narezane redkvice in nadrobljen kozji sir.
Pasijonke prerežite na pol in izdolbite meso.
V ločeni majhni skledi zmešajte meso pasijonke, limonin sok, olivno olje, sol in poper, da naredite preliv.
Preliv pokapljamo po solati.
Nežno premešajte, da se združi.
Okrasimo s praženimi orehi.
Postrezite takoj.

48. Solata iz kuskusa in pasijonke

SESTAVINE:
1 skodelica kuhanega kuskusa
1 skodelica na kocke narezane paprike (različne barve)
1/2 skodelice narezane kumare
1/4 skodelice sesekljanega svežega peteršilja
2 pasijonki
Sok 1 pomaranče
2 žlici ekstra deviškega oljčnega olja
Sol in poper po okusu
Feta sir se zdrobi za okras

NAVODILA:
V veliki skledi zmešajte kuhan kuskus, na kocke narezano papriko, na kocke narezano kumaro in sesekljan svež peteršilj.
Pasijonke prerežite na pol in izdolbite meso.
V ločeni majhni skledi zmešajte pulpo pasijonke, pomarančni sok, olivno olje, sol in poper, da naredite preliv.
Kuskusovo solato pokapljamo s prelivom.
Nežno premešajte, da se združi.
Okrasite z drobtin feta sira.
Postrežemo ohlajeno.

49. Azijska solata z rezanci in pasijonko

SESTAVINE:
8 unč kuhanih soba rezancev
1 skodelica naribanega korenja
1 skodelica na tanke rezine narezane paprike (različne barve)
1/4 skodelice sesekljane zelene čebule
2 pasijonki
Sok 1 limete
2 žlici sojine omake
1 žlica sezamovega olja
1 žlica medu
Pražena sezamova semena za okras

NAVODILA:
V veliki skledi zmešajte kuhane rezance soba, narezano korenje, narezano papriko in sesekljano zeleno čebulo.
Pasijonke prerežite na pol in izdolbite meso.
V ločeni majhni skledi zmešajte pulpo pasijonke, limetin sok, sojino omako, sezamovo olje in med, da naredite preliv.
Preliv pokapljajte po solati z rezanci.
Nežno premešajte, da se združi.
Okrasite s praženimi sezamovimi semeni.
Postrežemo ohlajeno.

50. Solata z rukolo in kozjim sirom z vinaigreto iz pasijonke

SESTAVINE:
4 skodelice mlade rukole
1/2 skodelice zdrobljenega kozjega sira
1/4 skodelice posušenih brusnic
2 pasijonki
Sok 1 limone
2 žlici ekstra deviškega oljčnega olja
Sol in poper po okusu
Pražene pinjole za okras

NAVODILA:
V veliki skledi za solato zmešajte mlado rukolo, nadrobljen kozji sir in suhe brusnice.
Pasijonke prerežite na pol in izdolbite meso.
V ločeni majhni skledi zmešajte pulpo pasijonke, limonin sok, olivno olje, sol in poper, da naredite vinaigrette.
Solato pokapljajte z vinaigrette.
Nežno premešajte, da se združi.
Okrasite s popečenimi pinjolami.
Postrezite takoj.

51. Solata Caprese z balzamično glazuro iz pasijonke

SESTAVINE:
4 zreli paradižniki, narezani na rezine
8 unč svežega sira mozzarella, narezanega
Listi sveže bazilike
2 zreli breskvi, narezani na tanke rezine
2 pasijonki
Balzamična glazura
Sol in poper po okusu

NAVODILA:
Na krožnik razporedimo rezine paradižnika in rezine sveže mocarele.
Na vsako rezino paradižnika in sira položite list sveže bazilike.
Na vrh položite rezine breskev.
Pasijonke prerežite na pol in izdolbite meso.
Na vsako solato caprese z žlico nanesite majhno količino pulpe pasijonke.
Prelijemo z balzamično glazuro.
Začinimo s soljo in poprom po okusu.
Postrezite takoj.

SLADICA

52. Kokosova panna cotta s pasijonko

SESTAVINE:
ZA KOKOSOV DEL
- 400 g gostega kokosovega pireja
- 80 g granuliranega sladkorja
- 4 lističi želatine

ZA DEL PASIJONKE
- 250 g pireja iz pasijonke
- 100 g granuliranega sladkorja
- 4 lističi želatine
- Sable piškotek
- 45 g sladkorja v prahu
- 115 g večnamenske moke
- 15 g mandljeve moke
- Ščepec soli
- 55 g zelo hladnega nesoljenega masla
- 25 g jajca pribl. pol jajca
- Stopljena bela čokolada
- Nastrgan kokos

NAVODILA:
SABLJEV PIŠEKOT
a) Ko so piškoti pečeni in ohlajeni na sobno temperaturo, stopite manjšo količino bele čokolade in z njo premažite piškote
b) Poprašite z naribanim kokosom in postavite na stran

PANNA COTTA
c) Pripravite kokosov del: Lističe želatine namočite v mrzlo vodo
d) Kokosov pire in sladkor segrevajte toliko časa, da zavre in se sladkor raztopi
e) Ponev odstavimo z ognja, iz lističev želatine ožamemo odvečno vodo in jih vmešamo v kokosovo mešanico. Postavite ga na stran
f) Pripravite pasijonkin del: Lističe želatine namočite v mrzlo vodo
g) Pasijonkin pire pretlačimo skozi sito, da se znebimo večine pečk. Ohranite le nekaj
h) Pasijonkin pire s sladkorjem segrevajte toliko časa, da zavre in se sladkor povsem raztopi
i) Ponev odstavimo z ognja, iz lističev želatine ožamemo odvečno vodo in jih vmešamo v pire iz pasijonke. Postavite ga na stran

SESTAVI

j) Ker kokosov del in del pasijonke vsebujeta želatino, morate paziti, da se ne strdita, preden ju popolnoma sestavite v model, zato ju ne pustite, da se popolnoma ohladita. Občasno jih premešamo

k) Vzemite svoj kalup in začnimo postopek sestavljanja. Beli del nalepite na sredino vsake votline, nato pa na zunanji krog nanesite še malo kokosove panakote

l) Model postavite v zamrzovalnik za 15 minut, da se lahko kokosov del strdi, preden nadaljujete z naslednjim korakom. Preostanek kokosove smetane pustimo na sobni temperaturi in občasno premešamo, da se ne strdi

m) Ko se kokosov del popolnoma strdi v zamrzovalniku, nadaljujte s cevmi na vrh pasijonke

n) Kalup ponovno zamrznite za 30 minut. Občasno premešajte preostali kokosov del, da se ne strdi, medtem ko je kalup v zamrzovalniku

o) Ko se del pasijonke popolnoma strdi v zamrzovalniku, nadaljujte s cevjo preostalih belih delov po vrhu. Pustite, da se ohladi v zamrzovalniku najmanj 6 ur, še bolje je čez noč

p) Ko so panakote popolnoma zamrznjene, jih nežno, a trdno odstranite iz modela. Posebej pritisnite na sredino, da se ne zatakne v model

q) Vsako panakoto položite na kokosov sable piškot, medtem ko je panakota zamrznjena

r) Pustite, da se panna cotta odtali na sobni temperaturi ali v hladilniku

53. Pasijonka mousse

SESTAVINE:
- 1 pločevinka evaporiranega mleka; ohlajeno čez noč
- 8 listov želatine ali 1 ½ paketa želatine v prahu
- 2 skodelici soka pasijonke
- 1½ skodelice sladkorja
- ½ skodelice vode

NAVODILA:
a) Želatino raztopite v vodi. Z električnim stepalnikom stepajte evaporirano mleko, dokler ni čvrsto in penasto. Dodamo sladkor in stepamo 1 min. Vmešamo želatino. Vmešajte sok. Položimo v naoljen model in pustimo na hladnem vsaj 6 ur. Odstranite model in postrezite z omako iz pasijonke ali katero koli drugo sadno omako po želji.

54. Grapefruit pasijonka skutina pita

SESTAVINE:
- 1 porcija nepečenega Ritz Cruncha
- 1 porcija Grapefruit Passion Curd
- 1 porcija sladkane kondenzirane grenivke

NAVODILA:
a) Pečico segrejte na 275°F.
b) Stisnite Ritz crunch v 10-palčni model za pite. S prsti in dlanmi močno pritisnite hrustljavo navznoter, pri čemer pazite, da enakomerno in v celoti pokrijete dno in stranice.
c) Pekač položite na pekač in pecite 20 minut. Ritzova skorja mora biti nekoliko bolj zlato rjava in nekoliko bolj maslena kot hrustljava, s katero ste začeli. Skorjo popolnoma ohladite; zavito v plastiko lahko skorjo zamrznete do 2 tedna.
d) Z žlico ali lopatico enakomerno porazdelite pasijonko iz grenivke po dnu Ritz skorje. Pito postavite v zamrzovalnik, da se skuta strdi, dokler ni čvrsta, približno 30 minut.
e) Z žlico ali lopatico na skuto razporedite sladkano kondenzirano grenivko, pri čemer pazite, da ne zmešate obeh plasti in da je skuta v celoti prekrita.
f) Vrnite v zamrzovalnik, dokler ni pripravljen za rezanje in serviranje.

55. Sladoled iz banane in pasijonke

SESTAVINE:
- 3 ali 4 zrele banane
- 2 pasijonki
- 425 g kartonske kreme
- 1 žlica čistega medu
- 1 žlica limoninega soka
- ½ žličke vanilijevega ekstrakta

NAVODILA:
a) Olupite banane in jih zlomite v kuhinjski robot ali mešalnik. Pasijonko prepolovite in z žlico izdolbite semena in sok naravnost v procesor.
b) Dodamo preostale sestavine in pretlačimo v gladek pire (semena pasijonke naj ostanejo cela).
c) Mešanico prelijemo v velik vrč, pokrijemo in pustimo v hladilniku vsaj 30 minut ali dokler se dobro ne ohladi.
d) Mešanico dajte v aparat za sladoled in zamrznite v skladu z navodili.
e) Prenesite v primerno posodo in zamrznite, dokler ni potrebno.

56. Breskov in pasijonkin sladoled v vrtinčku

SESTAVINE:
- 1 ¼ skodelice težke smetane
- 1 čajna žlička čistega vanilijevega ekstrakta
- 2 veliki jajci
- ¼ skodelico finega sladkorja ali po okusu
- 2 žlički koruznega škroba
- 1 žlica vode
- 4 velike zelo zrele breskve
- sok in drobno naribano lupinico 1 pomaranče
- 4 zrele pasijonke

NAVODILA:
a) V majhni kozici segrejte smetano in vanilijo do vrelišča.
b) Odstranite z ognja. V skledi stepamo jajca in sladkor, dokler ne postanejo zelo bledi in se rahlo zgostijo. Malo smetane vmešajte v jajca, dokler se dobro ne premešajo, nato precedite nazaj v ponev.
c) Zmešajte koruzni škrob z vodo do gladkega. Vmešajte ga v mešanico smetane in jajc ter ponev vrnite na ogenj. Ne zavrite, ampak ko se mešanica začne gostiti, nenehno mešajte, dokler ne prekrije hrbtne strani žlice. Odstavimo, da se ohladi, občasno premešamo.
d) Breskve položite v vrelo vodo za približno 1 minuto ali dokler se lupine zlahka ne olupijo.
e) Meso zmešajte ali pretlačite v pire s pomarančnim sokom in lupino ter po potrebi precedite. Zajemite meso pasijonke v majhno skledo.
f) Ohlajeno kremo in breskov pire nežno vmešamo. Dajte v aparat za sladoled in obdelajte po navodilih proizvajalca ali uporabitemetoda ročnega mešanja.
g) Ko je skoraj čvrsta, prenesite v zamrzovalno posodo in vmešajte večino pasijonke. Zamrznite, dokler ni čvrsta ali zahtevana. Ta sladoled lahko zamrznete do 1 meseca.
h) Pustite približno 15 minut, da se zmehča, preden postrežete z malo več pasijonke, ki jo potresete po vrhu.

57. Tropski margarita sorbet

SESTAVINE:
- 1 skodelica sladkorja
- 1 skodelica pireja iz pasijonke
- 1½ funta zrelih mangov, olupljenih, brez koščic in narezanih na kocke
- Naribana lupinica 2 limet
- 2 žlici Blanco (bele) tekile
- 1 žlica pomarančnega likerja
- 1 žlica lahkega koruznega sirupa
- ½ čajne žličke košer soli

NAVODILA:
a) V majhni kozici zmešajte sladkor in pire iz pasijonke.
b) Pustite vreti na srednjem ognju in mešajte, da se raztopi
c) sladkor. Odstavimo z ognja in pustimo, da se ohladi.
d) V mešalniku zmešajte mešanico pasijonke, narezan mango, limetino lupinico, tekilo, pomarančni liker, koruzni sirup in sol. Pire do gladkega.
e) Mešanico vlijemo v skledo, pokrijemo in postavimo v hladilnik, dokler se ne ohladi, vsaj 4 ure ali celo noč.
f) Zamrznite in stepite v aparatu za sladoled po navodilih proizvajalca.
g) Za mehko konsistenco (najboljše, po mojem mnenju) sorbet postrezite takoj; za bolj čvrsto konsistenco ga preložimo v posodo, pokrijemo in pustimo 2 do 3 ure strjevati v zamrzovalniku.

58. Čokoladna plast torta

SESTAVINE:
- 1 porcija čokoladne torte
- ⅓ skodelice pireja iz pasijonke
- 1 porcija Passion Fruit Curd
- ½ porcije čokoladnih mrvic
- 1 porcija kavne glazure
- ¼ skodelice mini čokoladnih koščkov

NAVODILA:
a) Na pult položite kos pergamenta ali Silpat. Obrnite torto nanjo in odlepite pergament ali Silpat z dna torte. Z obročem za torto iz torte iztisnite 2 kroga. To sta vaši zgornji 2 plasti torte. Preostali "ostanki" torte se bodo združili v spodnjo plast torte.

1. PLAST, SPODNJE
b) Očistite tortni obroč in ga položite na sredino pekača, obloženega s čistim pergamentom ali Silpatom. Uporabite 1 trak acetata, da obložite notranjost tortnega obroča.
c) Ostanke torte položite v obroč in jih s hrbtno stranjo roke stisnite skupaj v ravno in enakomerno plast.
d) Čopič za pecivo potopite v pire iz pasijonke in dobro, zdravo okopajte plast torte s polovico pireja.
e) S hrbtno stranjo žlice polovico pasijonkine skute enakomerno razmažite po torti.
f) Polovico čokoladnih mrvic enakomerno potresemo po pasijonki. S hrbtno stranjo dlani jih pritrdite na svoje mesto.
g) S hrbtno stranjo žlice čim bolj enakomerno porazdelite tretjino kavne glazure po čokoladnih mrvicah.

2. PLAST, SREDINA
h) S kazalcem nežno potisnite drugi trak acetata med tortni obroč in zgornji ¼ palec prvega acetatnega traku, tako da dobite prozoren obroč iz acetata, visok 5 do 6 palcev – dovolj visok, da podpira višino končano torto. Na vrh glazure položite krog torte in ponovite postopek za 1. plast.

PLAST 3, VRH
i) Preostalo torto vgnetemo v glazuro. Vrh torte pokrijte s preostalo glazuro. Dajte ji volumen in vrtince ali pa storite kot mi in se odločite za popolnoma raven zgornji del. Glazuro okrasite z majhnimi koščki čokolade.
j) Pekač prestavite v zamrzovalnik in zamrzujte za najmanj 12 ur, da se torta in nadev strdita. Torta bo v zamrzovalniku zdržala do 2 tedna.
k) Vsaj 3 ure preden ste pripravljeni torto postreči, izvlecite pekač iz zamrzovalnika in s prsti in palci izvlecite torto iz obroča za torto. Nežno odlepite acetat in torto prenesite na krožnik ali stojalo za torte. Naj se odmrzne v hladilniku najmanj 3 ure
l) Torto narežite na rezine in postrezite.

59. Passionfruit Cheesecake brez peke

SESTAVINE:
ZA BISKVITNO PODLOGO
- 200 g ingverjevih piškotov alias gingersnaps
- 100 g masla

ZA NADEV CHEESECAKE
- 400 g polnomastnega kremnega sira Philadelphia
- 100 g sladkorja v prahu
- 2 lističa želatine platinastega razreda, uporabite 3 za bolj čvrsto strjevanje
- 200 ml dvojne smetane
- 100 g grškega jogurta
- 15 ml limetinega soka
- 2 žlički paste iz stroka vanilije
- 100 ml pireja pasijonke

ZA PRELIV IZ PASIJONKEGA ŽELEJA
- 100 ml pireja pasijonke
- 100 ml pulpe pasijonke
- 75 g sladkorja v prahu
- 2 lističa želatine

NAVODILA:
PODLOGA ZA BISKVIT

a) Ingverjeve piškote obdelajte v kuhinjskem robotu, dokler ne postanejo podobni finim krušnim drobtinam.
b) Maslo raztopimo in vmešamo v piškotne drobtine.
c) To mešanico z žlico nanesite na dno pekača in pritisnite, da se poravna.

NADEV ZA CHEESECAKE

a) V skledo, napolnjeno s hladno vodo, damo 2 lista želatine. Pustite 5-19 minut, dokler se ne zmehča.
b) Kremni sir in sladkor stepite do gladkega.
c) Dodajte grški jogurt in pasto iz stroka vanilije ter premešajte.
d) Nato skupaj v ponvi segrejte pasijonkin pire in limetin sok, dokler se ne segrejeta.
e) Lističe želatine odcedimo od vode, dodamo v ponev in mešamo, dokler se ne raztopijo.
f) Sadne sokove stepite v maso za sirovo torto – hitro, ko vlijete tekočino, da se ne začne strjevati.
g) Dodamo smetano in stepamo toliko gosto, da lahko v njej stoji žlica.

h) Z žlico naložimo na piškotno podlago in poravnamo s topim nožem. Hladite 3 ure.

ŽELE PRELIV IZ PASIJONKE

a) Preostala 2 lista želatine damo v hladno vodo in pustimo, da se zmehčata.

b) Pasijonkin pire in svežo pasijonkino kašo dajte v majhno ponev skupaj s sladkorjem in segrevajte na približno 60C/120F, dokler se sladkor ne raztopi.

c) Želatino odcedimo, dodamo v ponev in mešamo, da se raztopi.

d) Pustite, da se ohladi na približno 40C/80F, nato prelijte po vrhu kolača s sirom.

e) Cheesecake vrnemo v hladilnik za nadaljnje 3 ure.

60. Cheesecake iz rikote s pasijonko

SESTAVINE:

- 4 jajca, ločena
- 2½ skodelice mleka
- 200 g nesoljenega masla, stopljeno in ohlajeno
- 2 žlički vanilijevega ekstrakta
- 3 skodelice samovzhajalne moke
- ¼ skodelice sladkorja v prahu

LIMONIN CHEESECAKE NADEV

- 400 g gladke rikote
- ½ skodelice limonine skute
- 1 skodelica pulpe pasijonke
- ¼ skodelice sladkorja v prahu

NAVODILA:

a) V velik vrč dajte rumenjake, mleko, maslo in vanilijo ter stepajte, dokler se dobro ne premešajo.

b) V veliki skledi za mešanje zmešajte moko in sladkor ter v sredini naredite jamico.

c) Previdno vmešajte jajčno-mlečno mešanico, da nastane gladka masa.

d) Beljake stepamo z električnimi stepalniki, dokler ne nastane čvrst sneg. Beljake nežno vmešamo v maso.

e) Izberite nastavitev za belgijske vaflje.

f) Predgrevajte, dokler ne utripa oranžna lučka in napis OGREVANJE izgine.

g) Z dozirno skodelico za vaflje vlijte ½ skodelice testa v vsak kvadrat vaflja. Zaprite pokrov in kuhajte, dokler se časovnik ne izteče in se 3-krat oglasi pisk pripravljenosti. Odstavimo, da se popolnoma ohladi.

h) Stepite rikoto in limonino skuto do gladkega in odstavite.

i) Za omako iz pasijonke z žlico stresite kašo v srednje veliko ponev skupaj s ½ skodelice vode in sladkorjem v prahu. Mešajte na srednjem ognju 5 minut oziroma dokler ni gosta in sirupasta. Odstranite in ohladite.

j) Za serviranje vsak vafelj diagonalno prerežite na pol in ga potresite z nadevom iz limoninega sira. Postrezite 2 vaflja za vsako osebo in jih pokapajte po pasijonkovi omaki.

61. Margarita kreme z mangom in strast

SESTAVINE:
- 3 skodelice zgoščene smetane znamke Coles
- 1 skodelica belega sladkorja znamke Coles
- ⅓ skodelica svežega limetinega soka
- 3 žlice tekile
- 2 žlički fine limetine lupinice
- 1 mango, olupljen, brez koščic, narezan na kocke
- 1 banana, olupljena, narezana na kocke
- 3 pasijonke

NAVODILA:
a) Za pripravo krem: V srednje težki ponvi zavrite smetano in sladkor na srednje močnem ognju in mešajte, dokler se sladkor ne raztopi.
b) Kuhajte 3 minute, nenehno mešajte in po potrebi zmanjšajte ogenj, da mešanica ne zavre.
c) Odstranite ponev z ognja. Vmešajte limetin sok in tekilo ter ohlajajte 10 minut. Vmešajte limetino lupinico.
d) Uporabite približno ½ skodelice kremne mešanice za vsakega in razdelite kremo med osem majhnih desertnih skodelic ali kozarcev. Pokrijte in ohladite, dokler se strdi, vsaj 4 ure ali čez noč.
e) Za pripravo sadja: V veliki skledi zmešajte mango in banano. Pasijonko prerežite na pol, izdolbite meso in sok ter z žlico prelijte mango in banano. Nežno premešajte sadje, da ga prekrijete s pasijonko.
f) Postrežba: Sadje naložite na kreme in takoj postrezite.

62. Sables pasijonka malina

SESTAVINE:
- 4 unče sladkorja
- 6 unč masla
- 4 jajca
- 8 unč moke za torte
- 3 unče mandljeve moke
- ½ unče pecilnega praška
- 12 unč kremnega sira
- 3 unče sladkorja
- 3 unče pireja iz pasijonke
- Maline s sladkorjem

NAVODILA:
TESTO:
a) Zmešajte maslo in sladkor, nato dodajte cela jajca in mandljevo moko, moko za torte in pecilni prašek.
b) Pečemo pri 320F 15 minut.
c) Ohlajeno testo narežemo na kroge.
POLNJENJE:
d) Zmešajte kremni sir in pire iz pasijonke. Nadev damo v slaščičarsko vrečko.
e) S pomočjo okrogle cevke nanesite nadev na okrogel sable in ga nato prelijte z drugim sable krogom.
f) Sable okrasite s sladkorjem v prahu in malinami.
g) Sable okrasite z malinovo omako in okrasite z nekaj malinami.

63. Posset iz pasijonke

SESTAVINE:
- 300 ml dvojne smetane
- 75 gramov sladkorja v prahu
- 1 limona
- 2 Pasijonka
- Čokolada; piškoti, za serviranje

NAVODILA:
a) V ponev damo smetano in sladkor ter zavremo in mešamo, dokler se sladkor ne raztopi.
b) Limonino lupinico nastrgamo in stresemo v ponev s sokom.
c) Mešajte kakšno minuto, dokler se zmes ne zgosti, nato jo odstavite z ognja.
d) Pasijonko prepolovite, izdolbite semena in pulpo v posodo. Dobro premešamo in nalijemo v dva kozarca za vino.
e) Ohladite, nato ohladite, dokler se ne strdi.

64. Mango in pasijonka Pavlova

SESTAVINE:
- 4 beljaki
- 1 skodelica sladkorja v prahu
- 1 čajna žlička belega kisa
- 1 čajna žlička koruznega škroba
- 1 skodelica stepene smetane
- 1 skodelica narezanega svežega manga
- ¼ skodelice pulpe pasijonke
- ¼ skodelice popečenega kokosa

NAVODILA:
a) Pečico segrejte na 300°F (150°C). Pekač obložite s peki papirjem.
b) Beljake stepamo v trd sneg. Postopoma dodajajte sladkor, eno žlico naenkrat, po vsakem dodajanju dobro stepajte.
c) Dodajte kis in koruzni škrob ter stepajte, dokler se le ne združita.
d) Mešanico z žlico nanesite na pripravljen pekač, da oblikujete 8-palčni (20-cm) krog.
e) Z lopatico naredite vdolbino v središču pavlove.
f) Pecite 1 uro oziroma dokler pavlova ni hrustljava zunaj in mehka znotraj.
g) Naj se popolnoma ohladi.
h) Pavlovo namažemo s stepeno smetano. Dodamo narezan mango in pokapljamo s pulpo pasijonke. Potresemo s popečenim kokosom.

65. Novozelandski kivi pavlova

SESTAVINE:
- 4 jajčni beljaki
- 1¼ skodelice (granuliranega) sladkorja
- 1 čajna žlička belega kisa
- 1 čajna žlička vaniljeve esence (izvleček)
- 1 žlica koruzne moke (koruznega škroba)
- ½ litra smetane
- 2 kivija
- 4 Pasijonka

NAVODILA:
a) Pečico segrejte na 180C. Z električnim mešalnikom stepamo beljake in sladkor 10 minut oziroma toliko časa, da postanejo gosta in sijajna.
b) Zmešajte kis, vanilijo in koruzno moko.
c) Dodajte meringue. Stepajte na visoki hitrosti nadaljnjih 5 minut. Pekač obložimo s peki papirjem (ne namastimo).
d) Na peki papir narišemo 22 cm krog. Zmes pavlova razporedite na največ 2 cm od roba kroga, pri čemer naj bo oblika čim bolj okrogla in enakomerna.
e) Gladka zgornja površina. Pavlovo postavite v pečico in nato temperaturo pečice znižajte na 100C. Pavlovo pečemo 1 uro. Izklopite pečico. Nekoliko odprite vrata pečice in pustite pavlo v pečici, dokler se ne ohladi. Pavlovo previdno dvignite na servirni krožnik. Okrasite s stepeno smetano, narezanim kivijem in mesom sveže pasijonke.

66. Tropsko sadje pavlova

SESTAVINE:
- 4 veliki beljaki pri sobni temperaturi
- 1 Ščepec soli
- 225 gramov sladkorja v prahu
- 2 žlički koruzne moke
- 1 ščepec vinskega kamna
- 1 čajna žlička belega vinskega kisa
- 4 kapljice ekstrakta vanilije
- 2 Pasijonka
- Zrelo tropsko sadje, kot je mango; kivi, zvezdasto sadje in kosmulje
- 150 mililitrov dvojne smetane
- 200 mililitrov creme fraiche

NAVODILA:
a) Pečico segrejte na 150c/300f/plin 2.
b) Pekač obložite z neoprijemljivim pergamentom za peko in narišite krog s premerom 22 cm/9". Za meringue: V veliki, čisti skledi stepajte beljake in sol, dokler ne nastane čvrst sneg.
c) Stepajte sladkor po tretjini naenkrat, med vsakim dodajanjem dobro mešajte, dokler ne postane trd in zelo sijoč. Potresemo s koruzno moko, vinsko smetano, kisom in vanilijevim ekstraktom ter nežno premešamo.
d) Meringo naložite na papir znotraj kroga, pri čemer pazite, da je v sredini precejšnja votlina.
e) Postavite v pečico in takoj zmanjšajte toploto na 120c/250f/plin ¼ in kuhajte 1½-2 uri, dokler ni bledo rjava, vendar nekoliko mehka v sredini. Pečico ugasnemo, pustimo vrata rahlo priprta in pustimo, da se popolnoma ohladi.
f) Za nadev: pasijonko prepolovite in izdolbite meso. Po potrebi olupite in narežite izbrano sadje.
g) Smetano damo v skledo in stepamo do gostote, nato pa ji dodamo creme fraiche. Odlepite papir s pavlove in položite na krožnik.
h) Nanesite smetanovo mešanico in na vrh razporedite sadje, zaključite s kašo pasijonke. Postrezite takoj.

67. Passion Fruit Cobbler brez pečenja

SESTAVINE:
- 6 pasijonk, izdolbemo meso
- 1 žlica limetinega soka
- ¼ skodelice granuliranega sladkorja
- 1 čajna žlička vanilijevega ekstrakta
- 1 skodelica zdrobljenih krhkih piškotov
- ¼ skodelice naribanega kokosa
- 2 žlici medu
- 2 žlici nesoljenega masla, stopljenega

NAVODILA:

a) V skledi zmešajte pulpo pasijonke, limetin sok, granulirani sladkor in ekstrakt vanilije. Dobro premešaj.

b) V drugi skledi zmešajte zdrobljene piškote iz krhkega peciva, nastrgan kokos, med in stopljeno maslo, dokler ne postanejo drobtine.

c) Vzemite posamezne servirne posode in v plasti položite mešanico pasijonke, ki ji sledi mešanica za piškote.

d) Plasti ponavljajte, dokler ne porabite vseh sestavin, na koncu pa z mešanico za piškote.

e) Hladimo vsaj 1 uro, da se okusi prepojijo.

f) Postrezite ohlajeno in uživajte v edinstvenem tropskem okusu pasijonke!

68. Sorbet iz pasijonke

SESTAVINE:
- 1 čajna žlička želatine v prahu
- 2 limoni
- 9 unč granuliranega sladkorja
- 8 pasijonk

NAVODILA:
a) V majhno skledo ali skodelico odmerite 2 žlici vode, potresite želatino in pustite stati 5 minut. Iz limon iztisnemo sok.
b) V ponev dajte sladkor in dodajte 300 ml vode. Med mešanjem rahlo segrevajte, dokler se sladkor ne raztopi. Ogenj povečajte in na hitro vrejte približno 5 minut, dokler zmes ne postane sirupasta.
c) Odstavite z ognja, dodajte limonin sok in vmešajte želatino, dokler se ne raztopi.
d) Pasijonke razpolovite in z žličko izdolbite semena in mezgo v sirup. Pustite, da se ohladi.
e) Pokrijte in pustite v hladilniku vsaj 30 minut ali dokler se dobro ne ohladi.
f) Ohlajen sirup pretlačimo skozi nekovinsko cedilo, da odstranimo semena.
g) Mešanico dajte v aparat za sladoled in zamrznite v skladu z navodili.
h) Prenesite v primerno posodo in zamrznite, dokler ni potrebno.

69. Sorbet iz pasijonke Guava

SESTAVINE:
- 2 skodelici guavine pulpe (sveže ali zamrznjene)
- ½ skodelice pulpe pasijonke (sveže ali zamrznjene)
- ½ skodelice sladkorja
- Sok 1 limete

NAVODILA:

a) V mešalniku ali kuhinjskem robotu zmešajte guavino pulpo, pulpo pasijonke, sladkor in limetin sok. Mešajte do gladkega.

b) Mešanico vlijemo v aparat za sladoled in stepamo po navodilih proizvajalca.

c) Ko je sorbet stepten, ga prenesite v posodo s pokrovom in ga zamrznite za nekaj ur, da se strdi.

d) Guavin sorbet iz pasijonke postrezite v ohlajenih skledah ali kozarcih za sladko in pikantno tropsko sladico.

70. Sorbet iz avokada in pasijonke

SESTAVINE:
- 2 skodelici svežega ali odmrznjenega pireja pasijonke
- ¾ skodelice plus 2 žlici sladkorja
- 2 majhna zrela avokada
- ½ čajne žličke košer soli
- 1 žlica sveže iztisnjenega limetinega soka

NAVODILA:
a) V majhni kozici zmešajte pire iz pasijonke in sladkor.
b) Med mešanjem kuhamo na srednje močnem ognju, dokler se sladkor ne raztopi.
c) Odstranite z ognja in pustite, da se ohladi na sobno temperaturo.
d) Avokado po dolgem prerežemo na pol. Odstranite koščice in meso stresite v mešalnik ali kuhinjski robot.
e) Dodajte ohlajeno mešanico pasijonke in sol ter obdelajte, dokler ni gladka, po potrebi strgajte po straneh kozarca mešalnika ali sklede.
f) Dodajte limetin sok in obdelajte, dokler se ne združi. Mešanico vlijemo v skledo, pokrijemo in pustimo v hladilniku, da se ohladi, približno 2 uri.
g) Zamrznite in stepite v aparatu za sladoled v skladu z navodili proizvajalca.
h) Za mehko konsistenco sorbet postrezite takoj; za bolj čvrsto konsistenco ga preložimo v posodo, pokrijemo in pustimo 2 do 3 ure strjevati v zamrzovalniku.

ZAČIMBE

71. Karamelna omaka iz pasijonke

SESTAVINE:
- 2 skodelici sladkorja
- ½ skodelice vode
- 2 žlički svetlega koruznega sirupa
- 1⅓ skodelice pireja iz pasijonke
- 4 žlice nesoljenega masla, narezanega na koščke
- ½ čajne žličke košer soli

NAVODILA:
a) V veliki ponvi z debelim dnom zmešajte sladkor, vodo in koruzni sirup. Pustite vreti na zmernem ognju, mešajte, da se sladkor raztopi, in občasno potresite stene ponve z mokro krtačo za pecivo, da izperete morebitne kristale sladkorja.

b) Ogenj povečajte na srednje visoko in pustite vreti brez mešanja, dokler sirup ne postane temno jantarne barve, približno 8 minut.

c) Ponev odstavimo z ognja. Previdno dodamo pasijonkin pire (ki bo brbotal in škropil, zato previdno, ko ga vlivamo), maslo, sol in stepamo, da se čim bolj zmeša (karamela se bo nekoliko strdila).

d) Ponev pristavimo na srednje majhen ogenj, pustimo vreti in med mešanjem kuhamo, dokler se karamela ne raztopi in omaka postane gladka. Odstavimo z ognja in pustimo, da se ohladi. Shranjena v nepredušni posodi v hladilniku bo omaka obstojna do 10 dni.

e) Omako postrežemo toplo ali sobne temperature.

72. Pasijonka iz grenivke

SESTAVINE:
- ¼ skodelice pireja iz pasijonke
- 3 žlice sladkorja
- 1 jajce
- ½ lističa želatine
- 6 žlic zelo hladnega masla
- ¼ čajne žličke košer soli
- 1 velika grenivka
- 1 čajna žlička olja grozdnih pešk

NAVODILA:
a) Pasijonkin pire in sladkor dajte v mešalnik in mešajte, dokler se sladkorna zrnca ne raztopijo. Dodajte jajce in mešajte pri nizki temperaturi, dokler ne dobite svetlo oranžno-rumene zmesi. Vsebino mešalnika prenesite v srednje velik lonec ali ponev. Očistite posodo mešalnika.
b) Prelijte želatino.
c) Mešanico pasijonke segrevajte na majhnem ognju in redno mešajte. Ko se segreje, se bo začelo gostiti; pozorno ga spremljaj. Ko zmes zavre, jo odstavimo s štedilnika in prestavimo v blender. Dodajte napihnjeno želatino, maslo in sol ter mešajte, dokler zmes ni gosta, sijoča in izjemno gladka.
d) Mešanico prestavimo v toplotno odporno posodo in postavimo v hladilnik za 30 do 60 minut, dokler se pasijonkina skuta popolnoma ne ohladi.
e) Medtem ko se pasijonkina skuta ohlaja, z nožem za lupljenje skrbno odstranite lupinico grenivke. Nato previdno odstranite vsak košček grenivke iz njegovih membran tako, da obe strani vsakega segmenta zarežete navzdol, vzdolž membrane, do sredine sadeža; segmenti bi morali priti ven.
f) Delce grenivke dajte v majhno ponev z oljem grozdnih pečk in segrevajte na majhnem ognju, občasno in nežno premešajte z žlico. Po približno 2 minutah bo toplo olje pomagalo ločiti in zaviti posamezne "niti" grenivke. Odstavite z ognja in pustite, da se niti nekoliko ohladijo, preden nadaljujete.
g) Z žlico ali gumijasto lopatko nežno vmešamo nitke grenivke v ohlajeno pasijonkino skuto. Uporabite takoj ali prenesite v nepredušno posodo in shranite v hladilniku do 1 tedna.

73. Pasijonka skuta

SESTAVINE:
- ½ skodelice pireja iz pasijonke
- ⅓ skodelice sladkorja
- 2 jajci
- 1 listič želatine
- 12 žlic masla, zelo hladnega
- ½ čajne žličke košer soli

NAVODILA:
a) Pasijonkin pire in sladkor dajte v mešalnik in mešajte, dokler se sladkorna zrnca ne raztopijo. Dodajte jajca in mešajte pri nizki temperaturi. Vsebino mešalnika prenesite v srednje velik lonec ali ponev. Očistite posodo mešalnika.
b) Prelijte želatino.
c) Mešanico pasijonke segrevajte na majhnem ognju in redno mešajte. Ko se segreje, se bo začelo gostiti; pozorno ga spremljaj. Ko zavre, odstavimo s štedilnika in prestavimo v blender. Dodajte napihnjeno želatino, maslo in sol ter mešajte, dokler zmes ni gosta, sijoča in izjemno gladka.
d) Mešanico prestavimo v toplotno odporno posodo in postavimo v hladilnik, dokler se skuta popolnoma ne ohladi, vsaj 30 minut.

74. Salsa s pasijonko

SESTAVINE:
- 2 pasijonki, brez celuloze
- 1 velik paradižnik, narezan na kocke
- ¼ rdeča čebula, narezana na kocke
- ¼ skodelica svežega cilantra, sesekljanega
- 1 jalapeño paprika, brez semen in narezana na kocke
- 1 žlica limetinega soka
- Sol in poper po okusu
- Mango (neobvezno)

NAVODILA:

a) V skledi zmešajte pulpo pasijonke, na kocke narezan paradižnik, rdečo čebulo, koriander in poper jalapeño.
b) Dodamo limetin sok ter začinimo s soljo in poprom.
c) Pred serviranjem hladite v hladilniku vsaj 30 minut.
d) Postrezite s tortiljinim čipsom ali kot preliv k ribam ali piščancu na žaru.

75. Guacamole iz pasijonke

SESTAVINE:
- 2 zrela avokada, olupljena in pretlačena
- ¼ skodelico narezane rdeče čebule
- ¼ skodelica sesekljanega svežega cilantra
- 1 jalapeño paprika, brez semen in narezana na kocke
- 2 žlici limetinega soka
- ¼ skodelica pulpe pasijonke
- Sol in poper po okusu

NAVODILA:
a) V skledi zmešajte pretlačen avokado, rdečo čebulo, koriander, poper jalapeño, limetin sok in pulpo pasijonke.
b) Začinimo s soljo in poprom.
c) Pred serviranjem hladite v hladilniku vsaj 30 minut.
d) Postrezite s tortiljinim čipsom ali kot preliv za takose.

76. Pasijonka marmelada

SESTAVINE:
- 4 pasijonke
- 1 skodelica sladkorja
- 1 žlica limoninega soka

NAVODILA:
a) Pasijonke prerežite na pol in izdolbite meso.
b) V ponvi zmešajte kašo pasijonke, sladkor in limonin sok.
c) Mešanico zavrite na srednjem ognju in občasno premešajte.
d) Ogenj zmanjšamo na nizko in pustimo vreti približno 20 minut, da se zmes zgosti.
e) Odstranite z ognja in pustite, da se ohladi.
f) Marmelado prestavimo v steriliziran kozarec in shranimo v hladilniku.

77. Maslo iz pasijonke

SESTAVINE:
- 4 pasijonke
- 1/2 skodelice nesoljenega masla, zmehčanega
- 2 žlici sladkorja v prahu

NAVODILA:
a) Pasijonke prerežite na pol in izdolbite meso.
b) V skledi zmešajte zmehčano maslo, sladkor v prahu in kašo pasijonke.
c) Dobro premešajte, dokler niso vse sestavine popolnoma vključene.
d) Pasijonkino maslo prenesite v kozarec ali posodo in ohladite, dokler se ne strdi.
e) Uporabite maslo za toast, muffine ali kot namaz za sladice.

78. Vinaigrette iz pasijonke

SESTAVINE:
- 2 pasijonki
- 1/4 skodelice olivnega olja
- 2 žlici belega vinskega kisa
- 1 žlica medu
- Sol in poper po okusu

NAVODILA:
a) Pasijonke prerežite na pol in izdolbite meso.
b) V majhni skledi zmešajte meso pasijonke, oljčno olje, beli vinski kis, med, sol in poper.
c) Začimbe prilagodite svojemu okusu.
d) Pasijonkin vinaigrette uporabite kot preliv za solate ali kot marinado za meso na žaru.

79. Pekoča omaka iz pasijonke

SESTAVINE:
- 4 pasijonke
- 4 rdeče čili paprike
- 2 stroka česna
- 2 žlici kisa
- 1 žlica sladkorja
- Sol po okusu

NAVODILA:
a) Pasijonke prerežite na pol in izdolbite meso.
b) Rdečo papriko očistite in drobno sesekljajte.
c) Zdrobite stroke česna.
d) V mešalniku ali kuhinjskem robotu zmešajte pulpo pasijonke, sesekljano čili papriko, strt česen, kis, sladkor in sol.
e) Mešajte do gladkega.
f) Mešanico prestavimo v ponev in na majhnem ognju dušimo približno 10 minut.
g) Pustite, da se vroča omaka popolnoma ohladi, preden jo shranite v steriliziran kozarec.
h) Uporabite pekočo omako iz pasijonke, da svojim najljubšim jedem dodate nekaj toplote in okusa.

80. Majoneza iz pasijonke

SESTAVINE:
- 2 pasijonki
- 1/2 skodelice majoneze
- 1 žlica limoninega soka
- Sol in poper po okusu

NAVODILA:
a) Pasijonke prerežite na pol in izdolbite meso.
b) V skledi zmešajte meso pasijonke, majonezo, limonin sok, sol in poper.
c) Dobro premešajte, dokler niso vse sestavine popolnoma vključene.
d) Okusite in po potrebi prilagodite začimbe.
e) Pasijonkovo majonezo uporabite kot namaz za sendviče, burgerje ali kot pomako za krompirček.

81. Passion Fruit BBQ omaka

SESTAVINE:
- 4 pasijonke
- 1 skodelica kečapa
- 1/4 skodelice rjavega sladkorja
- 2 žlici sojine omake
- 1 žlica Worcestershire omake
- 1 žlica dijonske gorčice
- 1 čajna žlička česna v prahu
- 1 čajna žlička prekajene paprike
- Sol in poper po okusu

NAVODILA:
a) Pasijonke prerežite na pol in izdolbite meso.
b) V ponvi zmešajte pulpo pasijonke, kečap, rjavi sladkor, sojino omako, worcestrsko omako, dijonsko gorčico, česen v prahu, dimljeno papriko, sol in poper.
c) Dobro premešajte, da se poveže.
d) Mešanico zavrite na srednjem ognju in občasno premešajte.
e) Ogenj zmanjšamo na nizko in pustimo vreti približno 15-20 minut, da se omaka zgosti.
f) Odstranite z ognja in pustite, da se ohladi.
g) Uporabite BBQ omako iz pasijonke za glaziranje mesa na žaru, kot omako za namakanje ali kot marinado.

82. Pasijonka Aioli

SESTAVINE:
- 2 pasijonki
- 1/2 skodelice majoneze
- 1 strok česna, sesekljan
- Sok 1 limone
- Sol in poper po okusu

NAVODILA:
a) Pasijonke prerežite na pol in izdolbite meso.
b) V skledi zmešajte meso pasijonke, majonezo, sesekljan česen, limonin sok, sol in poper.
c) Dobro premešajte, dokler niso vse sestavine popolnoma vključene.
d) Začimbe prilagodite svojemu okusu.
e) Uporabite aioli iz pasijonke kot omako za namakanje krompirčka, namaz za sendviče ali kot začimbo za morsko hrano.

83. Chutney iz pasijonke

SESTAVINE:
- 4 pasijonke
- 1/2 skodelice narezanega ananasa
- 1/4 skodelice sesekljane rdeče čebule
- 1/4 skodelice rozin
- 2 žlici rjavega sladkorja
- 2 žlici jabolčnega kisa
- 1 čajna žlička naribanega ingverja
- 1/4 čajne žličke mletega cimeta
- 1/4 čajne žličke mletih nageljnovih žbic
- Sol po okusu

NAVODILA:
a) Pasijonke prerežite na pol in izdolbite meso.
b) V ponvi zmešajte kašo pasijonke, sesekljan ananas, sesekljano rdečo čebulo, rozine, rjavi sladkor, jabolčni kis, nariban ingver, mleti cimet, mlete nageljnove žbice in sol.
c) Dobro premešajte, da se poveže.
d) Mešanico zavrite na zmernem ognju, nato zmanjšajte ogenj na nizko in pustite vreti približno 30 minut, občasno premešajte.
e) Odstranite z ognja in pustite, da se ohladi.
f) Čatni prestavimo v steriliziran kozarec in shranimo v hladilniku.
g) Pasijonkin čatni uporabite kot začimbo k pečenemu mesu, sendvičem ali sirnim krožnikom.

84. Passion Fruit Gorčica

SESTAVINE:
- 4 pasijonke
- 1/2 skodelice dijonske gorčice
- 1 žlica medu
- 1 čajna žlička jabolčnega kisa
- Sol in poper po okusu

NAVODILA:
a) Pasijonke prerežite na pol in izdolbite meso.
b) V skledi zmešajte pulpo pasijonke, dijonsko gorčico, med, jabolčni kis, sol in poper.
c) Dobro premešajte, dokler niso vse sestavine popolnoma vključene.
d) Okusite in po potrebi prilagodite začimbe.
e) Pasijonkovo gorčico uporabite kot začimbo za sendviče, burgerje ali kot omako za namakanje.

KOKTAJLI IN MOKTAJLI

85. Čaj Boba iz pasijonke

SESTAVINE:
- 1 liter vode
- 4 vrečke zelenega čaja
- 120 g črnih tapiokinih biserov
- 40 ml javorjevega sirupa
- 8 pasijonk
- 240 ml kokosovega napitka

NAVODILA:
a) Zavrite dano vodo, jo vlijte v skledo in dodajte vrečke zelenega čaja.
b) Pustite jih stati 5 minut in jih nato odstranite.
c) Pustite, da se zeleni čaj popolnoma ohladi v hladilniku.
d) Medtem zavrite lonec vode in dodajte tapiokine bisere.
e) Takoj, ko priplavajo na površje, lonec pokrijemo in kuhamo 3 minute.
f) Nato ugasnite ogenj in pustite bisere v loncu še 3 minute.
g) Zdaj odcedite vodo od kuhanja in dodajte bisere v posodo, napolnjeno s hladno vodo.
h) Pustite jih 20 sekund, da se ohladijo in ponovno odcedite vodo.
i) Tapiokine kroglice zmešajte z javorjevim sirupom.
j) Meso pasijonk stresite v sito z drobno mrežico in sok precedite v skledo.
k) Če želite sestaviti čaj boba, razdelite kroglice tapioke v visoke kozarce in nato nalijte sok pasijonke in hladen zeleni čaj.

86. Vodni led iz pasijonke

SESTAVINE:
- 12 zrelih pasijonk
- 1 skodelica vode
- ¾ skodelica super finega sladkorja
- 1 žlica pomarančnega soka
- 1 čajna žlička limoninega soka

NAVODILA:

a) Izdolbite vso sadno pulpo in sok ter precedite v skledo, da odstranite črna semena. Zmešajte vodo, sladkor in sokove. Hladite približno 30 minut, dokler se sladkor ne raztopi. Občasno premešamo.

b) Mešanico vlijemo v zamrzovalno posodo in zamrznemo, dokler ni skoraj čvrsta, premešamo in enkrat ali dvakrat razbijemo v kristale.

c) Ko ste pripravljeni za serviranje, z vilicami razdrobite vodni led, dokler ne dobi zrnate konsistence.

d) Postrezite s panna cotto ali crème brûléejem in malo svežega soka iz pasijonke, ki ga prelijete zadnji trenutek.

87. Hladilnik za pasijonko

SESTAVINE:
- 1 unča pomarančnega soka
- ½ unča limoninega soka
- ½ unča gina
- 1 ½ unč svetlega ruma
- 3 unče nektarja pasijonke

NAVODILA:
a) Napolnite shaker za koktajle z ledom.
b) Dodajte sokove, gin, rum in nektar iz pasijonke.
c) Stresite.
d) Precedite v kozarec highball z ledom.

88. Mirno potovanje

SESTAVINE:
- ½ unča Galliano
- ½ unča sirupa pasijonke
- 2 žlički limoninega soka
- ½ unča svetlega ruma
- ½ jajce
- ⅓ skodelica zdrobljenega ledu

NAVODILA:
a) V mešalnik vlijemo Galliano, sirup iz pasijonke, limonin sok, rum, polovico jajca in zdrobljen led.
b) Mešajte pri nizki hitrosti 15 sekund.
c) V ohlajen globok krožnik nalijte kozarec za šampanjec.

89. Butterfly Pea & Yellow citronade

SESTAVINE:
CITRONADA SIRUP:
- 80 g stevije
- 25g sladkorja
- 250 ml vode
- 4 mandarine
- 6 limon
- 4 limete

ZA PRIPRAVO KOKTAJLA:
- 1 skodelica grahovega čaja
- soda voda
- zdrobljen led

OKRASI:
- Posušene rezine citrusov
- Pasijonka
- Užitne rože

NAVODILA:
CITRONADA SIRUP:
a) Za pripravo citronadnega sirupa stevijo in sladkor raztopite v 250 ml vode.
b) Olupite mandarine, limone in limete ter jih dodajte sladkemu sirupu.
c) Iz citrusov stisnite sok in ga dodajte mešanici.
d) Pokrijte in pustite, da se lupina čez noč vztraja v hladilniku.
e) S pomočjo sita odcedite lupino in pulpo v čist vrč.
f) Visok kozarec napolnite z zdrobljenim ledom.

GRADITI KOKTAJL
g) Za izdelavo plasti dodajte citronadni sirup približno ¼ ali ⅓ kozarca. Dopolnite z ledom.
h) Nato dodajte soda vodo.
i) Počasi dodajajte grahov čaj na led, tako da ga polivate na hrbtno stran žlice.
j) Nežno premešajte, da se okusne plasti premešajo in dodate prelive.

90. Passion Fruit in Mace Mocktail

SESTAVINE:
- 1 rezilo posušene mace,
- 4 žlice sladkorja
- Meso iz 4 pasijonk
- ledene kocke

NAVODILA:

a) Posušene mace in sladkor zmeljemo.

b) V ponvi zmešajte mešanico mace z 12 unčami vode in zavrite.

c) Dodajte kašo pasijonke v ponev in kuhajte 2 minuti, dokler se sladkor ne raztopi.

d) Odstranite ogenj in pustite, da se ohladi.

e) Dodajte nekaj kock ledu v 4 kozarce, mocktail prelijte čez led in uživajte.

91. Colombiana

SESTAVINE:
- 1½ unče staranega kolumbijskega ruma
- ¼ unče sirupa pasijonke
- 2 unči sode rdeče pomaranče
- 12 unč ingverjevega piva
- 10 gramov tamarinda
- Rezina citrusov, za okras

NAVODILA:
a) Napolnite shaker za koktajle z ledom.
b) Dodajte vse sestavine in pretresite.
c) Precedite in okrasite.

92. Sadni zeliščni ledeni čaj

SESTAVINE:
- 1 vrečka čaja Passion
- Oranžno kolo
- Metini listi
- 4 skodelice vode
- 2 skodelici svežega pomarančnega soka

NAVODILA:
a) Vrečko čaja položite v vrelo vodo in pustite stati 5 minut.
b) Odstranite čajno vrečko. Čaj nalijte v vrč, napolnjen z ledom.
c) Preostali prostor v vrču napolnite z vodo.
d) Napolnite shaker za koktajle s kuhanim čajem in pomarančnim sokom.
e) Pretresite in precedite v z ledom napolnjen kozarec.
f) Zaključite z oranžnim kolesom in listi mete.

93. Ledeni čaj iz pasijonke in mete

SESTAVINE:
- 6 čajnih vrečk
- 4 skodelice vrele vode
- skodelica sveže mete
- ¼ skodelice sladkorja
- skodelica soka iz pasijonke; sveže ali zamrznjene

NAVODILA:
a) Čajne vrečke in meto položite v posodo.
b) Prelijte jih z vrelo vodo.
c) Pustite stati 10 minut.
d) Dodajte sladkor, da se raztopi.
e) Dodajte sok pasijonke in precedite čez led.
f) Okrasite z vejicami sveže mete.

94. Baccarat Rouge

SESTAVINE:
- 2 unči tekile
- 1 unča soka pasijonke
- ¼ unč Piment Dram
- ¼ unč limetinega soka
- ¼ unč digestiva

NAVODILA:

a) Dodajte vse sestavine v posodo za stresalnik z ledom in močno pretresite.
b) Precedite v rocks kozarec s svežim ledom.
c) Okrasite s kandiranim cvetom hibiskusa.

95. Berry Tutti-frutti

SESTAVINE:
- 4 kilograme jagod
- 2 kilograma malin
- 1 funt borovnic
- 2 funta breskev
- Dve 16-unčni pločevinki češenj za pito
- 12-unčna pločevinka zamrznjenega soka rdečega grozdja
- 12-unčna pločevinka ananasa, banan, pijača iz pasijonke
- 6 funtov sladkorja
- 2 kilograma svetlega medu
- dovolj vode za pet litrov
- 10 žličk mešanice kisline
- 1½ čajne žličke tanina
- 2½ čajne žličke pektinskega encima
- 6 čajnih žličk hranila za kvas
- 5 tablet Campden, zdrobljenih (neobvezno)
- 1 zavitek kvasa za šampanjec

NAVODILA:
a) Vse sadje pripravimo in ga damo v eno večjo ali dve manjši najlonski vrečki za cedilo. Odmrznite sokove. Postavite jih na dno razkuženega primarnega fermentorja.
b) Zavrite približno 1 do 2 litra vode s sladkorjem in medom, odvisno od tega, kako velik kotliček imate. Po potrebi posnemite.
c) Sadje in sokove prelijemo z vročo sladkorno vodo. Dodajte preostanek vode, potrebne za pet litrov in malo več.
d) Dodajte kvasno hranilo, kislino in tanin, vključno s tabletami Campden, če se jih odločite uporabiti.
e) Pokrijte in namestite z zračno zaporo. Če uporabljate tablete Campden, počakajte vsaj 12 ur, preden dodate encim pektin. V naslednjih 12-24 urah preverite PA in dodajte kvas.
f) Vsak dan premešajte. Čez teden ali dva odstranite vrečke s sadjem in jih pustite, da se odcedijo brez stiskanja. Sadje zavrzite. Preverite količino vina in PA. Če morate dodati več vode, to storite. Če imate malo preveč, ne skrbite. Življenje je tako kot je prekratko.
g) Ko PA pade na 2 do 3 odstotke, prelijte vino v stekleni balon in ga opremite z zračno zaporo.
h) V naslednjih šestih mesecih ga zlomite še dvakrat. Počakajte, da se vino zbistri in fermentira.
i) Ustekleničite ga v velike in običajne steklenice. Počakajte šest mesecev, preden poskusite.

96. Pasijonka Brandywine

SESTAVINE:
- 6 Pasijonka
- 1 steklenica suhega belega vina
- 1 žlica žganja medu

NAVODILA:
a) Meso in pečke pasijonke stisnite v steklen kozarec s pokrovom. Dodajte belo vino.
b) Pokrijte, pretresite in pustite na hladnem in temnem mestu 5 dni.
c) Nato precedite vino v ponev. Dodajte med in rahlo segrevajte, dokler se med ne raztopi.
d) Pustite, da se ohladi, dodajte žganje, steklenico in pokrovček.

97. Mojito iz pasijonke

SESTAVINE:
- 2 unči belega ruma
- 1 unča soka iz pasijonke
- 1 unča limetinega soka
- 1 žlica sladkorja
- 6-8 listov sveže mete
- Soda voda
- Zdrobljen led
- Vejica mete in rezina limete za okras

NAVODILA:
a) V shakerju za koktajle zmešajte liste mete, limetin sok in sladkor.
b) V stresalnik dodajte beli rum in sok iz pasijonke.
c) Napolnite stresalnik z ledom in dobro pretresite, da se združi.
d) Mešanico precedite v kozarec, napolnjen z zdrobljenim ledom.
e) Prelijte s soda vodo.
f) Okrasite z vejico mete in rezino limete.
g) Uživajte v osvežilnem mojitu iz pasijonke!

98. Passion Fruit Espresso Sour

SESTAVINE:
- 2 unči pireja ali soka iz pasijonke
- 1 ½ unče espressa ali močno kuhane kave, ohlajene
- 2 unči burbona ali viskija
- ¾ unče svežega limoninega soka
- ½ unče preprostega sirupa
- Led
- Limonin zvitek, za okras (neobvezno)

NAVODILA:
a) Napolnite shaker za koktajle z ledom.
b) V stresalnik dodajte pire ali sok iz pasijonke, espresso ali kavo, burbon ali viski, svež limonin sok in preprost sirup.
c) Mešanico močno stresajte približno 15-20 sekund, da se sestavine povežejo in ohladijo.
d) Precedite koktajl v kozarec rocks, napolnjen z ledom.
e) Po želji okrasite z limoninim zvitkom.
f) Postrezite in uživajte v svojem Passion Fruit Espresso Sour!

99. Pasijonka Piña Colada

SESTAVINE:
- 2 unči belega ruma
- 2 unči ananasovega soka
- 2 unči kokosove smetane
- 1 unča soka iz pasijonke
- Ananasova rezina in češnja za okras
- Ledene kocke

NAVODILA:
a) V mešalniku zmešajte beli rum, ananasov sok, kokosovo smetano, sok pasijonke in ledene kocke.
b) Mešajte, dokler ni gladka in penasta.
c) Zmes vlijemo v kozarec.
d) Okrasite z rezino ananasa in češnjo.
e) Srkajte in se odpeljite v tropski raj s to piña colado iz pasijonke!

100. Limonada iz pasijonke

SESTAVINE:
- 2 unči soka iz pasijonke
- 2 unči limoninega soka
- 2 unči preprostega sirupa
- 4 unče gazirane vode
- Rezine limone in listi sveže mete za okras
- Ledene kocke

NAVODILA:
a) V kozarcu zmešajte sok pasijonke, limonin sok in preprost sirup.
b) Dobro premešamo, da se zmeša.
c) V kozarec dodajte ledene kocke.
d) Prelijemo z gazirano vodo.
e) Okrasite z rezinami limone in listi sveže mete.
f) Okusite oster in osvežujoč okus limonade iz pasijonke!

ZAKLJUČEK

Upamo, da vas je ta kuharska knjiga navdihnila za ustvarjalnost s pasijonko v kuhinji. Ne glede na to, ali iščete nov recept za sladico, s katerim boste naredili vtis na svoje goste, ali edinstven pridih klasične jedi, je pasijonka popolna sestavina, ki vsakemu obroku doda kanček okusa in vznemirjenja.

Torej, kar naprej in preizkusite nekaj receptov v tej knjigi, eksperimentirajte s svojimi idejami in, kar je najpomembneje, zabavajte se! Ne pozabite, da gre pri kuhanju za raziskovanje in uživanje v okusih različnih sestavin, s pasijonko pa so možnosti res neskončne. Veselo kuhanje!